教学主张是一个复杂的概念，它可以从教育观念和教育价值、教学立场和出发点、教学策略和方法、教学对象与内容、教学评价与反馈、教学的全面性与个人化几个维度去审视。

教学主张是教师教学哲学和方法的体现，反映了教师对于教育的看法、对学生的理解、对学科知识的掌握以及对教学方法的偏好。一个理想的教学主张应当是独特的、个性化的，是经过深思熟虑和实践检验的。

教学主张作为教师职业生涯中的指南针，

是其教育实践的

理论基础和行动指南

凌宗伟

等

著

教学主张

打通理论
与实践的阻隔

大夏书系 — 教师专业发展

TEACHING
PROPOSITION

华东师范大学出版社

·上海·

主要执笔者：凌宗伟

参与撰写人员：林莹莹　黄丽红　林　霞　陈辉影

周振宇　邱　磊　朱　建　张剑平

目　录

| 第一章 |
教学主张是一个复杂的概念

|第二章|
教学主张的提炼与表述

　　"教学主张"是教育学领域见得不多、用得较少的概念，因为大多数教师在评价权力过于集中、评价标准过于单一、管理过度行政化的体制内，长期在没有多大自主权，自主性受到抑制的环境中工作，已经习惯于将自己定位为打工者，不思考、不做主、按部就班、循规蹈矩，丢失或难以生成主张。

　　有过几十年教学经验，当过校长的凌宗伟先生发来《教学主张：打通理论与实践的阻隔》的电子版，让我开了眼界。作者回视自己的教学经历，从学科课程要求、学科特质、教学范式、教学模式、教学流程、教学活动、教学方法、教学策略、教学风格、教学特点等方面对教学主张的概念做出界定，认为教学主张是多元、动态、发展的，具有个人属性与群体属性，是教育主张、办学主张在教学上的体现，进而对教学主张的提炼与表述，教学主张在理论与实践之间发挥的作用进行了讨论。

这些年来，各地中小学名师培养项目几乎无一例外地要求名师、准名师提炼自己的教学主张，甚至教学思想、教育思想。对名校长们的要求则是要有办学主张、办学思想、教育思想。问题是，教学主张是什么？因为没有基本的概念定义与阐释，就难免各说各话，甚至提出一些有违基本的教学原理的主张来。

作者专门写书讨论教学主张是因为感到应该承认、尊重教师的主张和哲学。教学主张是教师教学实践的原则和灵魂，对教学过程有着重要的影响，是教师组织和实施教学自主性、个性化的基础，是贯彻落实因材施教原则，提升教育教学效能与品质的必要前提，是显示教师专业成长的表征，又是导引教师极其重要的引擎。既然要求名师提炼教学主张，那就要搞清楚教学主张是什么。

教师的使命决定着他们必须有自己的教学主张才能更有效地承担责任，没有教学主张的教师事实上不会成为教学的主人，仅是教学机器人。或者说，当下的确有不少教师因为成不了教学主人，或不是教学的主人而没有教学主张，不敢有教学主张，不能有教学主张，不会生成自己的教学主张。

教学主张终究是个人的，是教师从教学经验中提炼出来的独特的、个性化的教学见解和教学思想，受到教师认知、信念、教育哲学等多种因素的影响，有形无形地导引教师的教学设计和行为。群体教学主张也需要以个体的主张为基础。作者从教育观念和教育价值、教学立场和出发点、教学策略和方法、教学对象与内容、教学评价与反馈、教学的全面性与个人化几个维度审视教学主张，引导大家从多个维度去理解教学主张。本书为教师生成并运用自己的教学主张提供了难得的学理资源。

事实上，一位教师的教学主张的提炼及不断丰富与完善的过程就是他的成长过程，作者从理论与实践、个性化理解与标准化、革新与传统、专家意见与个人认知等方面分析了可能出现的各种情况与对策，使大家更深入地理解教学主张，促进教师自身更好地实现专业成长。

主张是主观性的，是一个人经历和思考的积累，任何人都难以确保自己的主张无偏见，避免或矫正教学主张的偏见需要保持开放态度，坦然地面对质疑和批判，真诚开展对话和讨论，让不同主张在相互碰撞中相互修理，积累各种人生的挑战和经验。作者最初将自己的语文教学主张提炼为"遇物则诲，相机而教"，有这种境界才会形成个人乃至学校与区域教学主张、教育主张的不断理性、优化的良性生态。

希望本书不只是为了引起教师对教学主张的关注，更是希望读者通过各种方式有意识地涵养、丰富、提炼自己的教学主张，阐明、维护、运用自己的教学主张，帮助学生更自主、更有效、更有品质地学习。同时，也希望引发教育管理者和行政部门的关注，尽可能减少一些行政指令，给教师更多的尊重和更大的教学自主权，让具有明显个体差异性的教学主张存在并服务学生多样化、个性化成长，满足社会对人力的多样化需求；还能对改进权力过度集中、标准过度单一的教育评价产生启示，更有效地实现教、学、评一致性，减少单一标准化的评价对教师教学主张的抑制与摧残——这是从教学层面实现高质量发展的必要条件。

遵嘱忝为序。

傄朝晖

2024 年 2 月 1 日

自　序

在我的认知里，任何一个人的教学行为背后总是受到个体的某些认知支配的，无论有意无意，都是如此。做教师的基本使命就是认认真真地把课上好，尽可能地为学生的学习承担应尽的责任，至于有没有什么主张的明确表述并不是最重要的。你的主张再正确（何况正确不正确也不是那么容易下结论的），但有一点是可以肯定的，"认认真真地把课上好"是教师职业责任的核心，也是教师最大的道德。教师的首要任务是高质量地传授知识和技能，为学生的学术成长和个人发展创造条件。一位教师如果拿不出一堂像样的课，对学生的成长毫无帮助，总在那里折腾什么主张只会让人生厌。

不可否认的是，一位教师的教学行为确实受到其认知、信念、教育哲学等多种因素的影响。教师的个人认知和信念会通过自己的教学方法、与学生的互动方式以及对教学内容的选择等方面体现出来。

之所以想到要出一本专门讨论什么是教学主张的书，

是因为我也承认，教师的主张和哲学，虽然可能不是每堂课显性教学的直接内容，但仍然在教师的教学设计和教学过程中发挥着有形无形的作用。这些主张和信念不仅影响着教师的教学行为，还可能间接影响着学生的学习体验和价值观的形成。

一个主要的原因是今天的中小学名师培养几乎无一例外地要求培养对象提炼教学主张，有关等级的荣誉及职务评审也需要教师有自己的教学主张。更重要的是，除了这功利性、行政要求以外，一位教师的教学主张的提炼及不断丰富与完善的过程，也正是其专业发展的驱动力和发展轨迹的映射。问题是在操作过程中出现了一些悖论。其一，理论与实践的悖论。实践中的成功经验有时又难以在理论上找到充分的支持，使得教师在坚持自己的教学实践和探索理论支持之间陷入两难境地。其二，个性化理解与标准化课程的悖论。教学主张强调个性化，但同时存在着群体性认知的影响，这使得教师很难在两者之间平衡关系，限制了教师根据自己的教学主张进行教学的自由度。其三，革新与传统的悖论。教师的教学主张可能与学校系统内部的传统价值观和期望相冲突，导致教师在坚持自身教学主张与适应学校环境和社会压力之间感到难以做出理想的处置。其四，专家意见与个人认知的悖论。这导致教师个人的教学主张表述无所适从。

最大的困境是，教师并不知道教学主张是什么。因为没有基本的概念定义与阐释，就难免各说各话，甚至提出一些有违基本教学原理的主张来。

2019 年我曾在《教学主张是什么》一文里尝试给"教学主张"做过这样的解释："主张是什么？词典上的解释是：主张即看法，即见解。[《现代汉语词典（第6版）》：①动，对于如何行动持有某种见解。②名，对于如何行动持有的见解。]① 将之延伸至教育领域，可以将教学主张理解为一个人对教学是什么和怎么做（教）的意见。""无论是有意还是无意，教师在实际的教学行为与教学言论中总带有个人的认知与理解。""在我看来，教学主张是教师在对教育哲学、教学哲学、教学追求、教学理解认识的前提下对课堂教学形成的认识，核心是对教师与学生、教与学之间关系的认识，以及在这认识影响下对教育、课程、教材和教学形成的理解。"时至今日，由于看多了，想多了，也因为争论多了，我对"教学主张"是什么以及如何提炼与表述又有了一些新的认识，试图通过我的分享以引发各位同行探讨。

我的初衷是试图通过理论探讨、概念厘定、案例分析帮助有志于提炼教学主张和指导他人提炼教学主张的读者朋友识别和解决这些悖论，更深入地理解教学主张，促进自身的专业成长或更好地帮助他人实现专业发展。

一位从事教育理论出版的朋友同我说，界定概念与厘清概念是有风险的。对此，我是认同的。正因为有风险，才在这里冒天下之大不韪，试图做一些探讨，期待

---

① 中国社会科学院语言研究所词典编辑室.现代汉语词典（第6版）[M].北京：商务印书馆，2012：1701.

读者提出批评和匡正。我一直以来的态度是，讨论问题一定要在一个概念的特定范畴进行，至少这个范畴是有个基本界定的，而不能在不同的范畴之间跳来跳去。我深知我的界定纯属个人偏见，"我们受到各自文化的束缚，就像查尔斯兰姆一样，是'一束偏见的集合体'"①。一个观点被说出、文字被写出，就必然会面临质疑和批判。而我能做的就是力图在自己的认知框架内尽最大可能将自己的偏见说清楚，尽可能地自圆其说。在任何讨论中，明确概念的定义和讨论的边界都是基本要求，如此，才能减少误解和概念混淆，从而避免偏离讨论的主题，确保对话的参与者在同一个概念范畴的基础上展开。认识到这些界定本身可能是基于个人偏见，是对自己立场的诚实反思，也是对话和辩论健康发展的基础。

正视自己的偏见，并在表达自己的观点时力求清晰，不仅是对他人的尊重，也是对自己认知过程的担当。勇于接受外界的挑战，发现自己的观点存在漏洞，才能修正和丰富自己的认知。这本书中的某些观点倘能成为一些关注这个话题的同行的靶子，倒也是幸事一件。

"一个人变老的速度取决于他们偏见的密度、数量和规则。人们害怕改变，有改变的地方就有偏见。但人们并不排斥改变：因为一个偏见的力量会将他们掰回原样，之后他们就重获自由了。人不可能总能阻止必然发生的

---

① 戈登·奥尔波特.偏见的本质［M］.凌晨，译.北京：九州出版社，2020：4.

改变。而偏见会将人们压到反方向，人的灵魂是有弹性的，一旦这个反方向的力足够稳定，人们就会再恢复原样。一些改变发生在父母的驱逐后；这是最危险的。他们可能会对全人类产生仇恨；只有极少数人会被逼到这种境地。""经常变化的人，要经历更多偏见。偏见不会阻碍一个充满活力的人；我们看一个人时，要看他做出的事，而不是那些将他打倒的事。"[①] 偏见是人类经验的一部分，尽管它们可以导致困难和挑战，但个体的活力、适应性和恢复的力量可以帮助人们克服这些障碍。经常变化的人会遇到更多的偏见，但偏见并不会阻止一个充满活力的人前行。我的理解，活力在这里可能是指内在的动力和适应性，一个人内在的动力和适应性能够帮助他克服外界的阻力和负面的判断。我坚信，坦然地面对质疑和批判才能发现观点中的不足之处，看到自己认知的局限性，不断完善和修正自己的认知，这是一个人获取对某一问题深刻理解和见识的重要途径。

20 多年前，有人问我"你的教学主张是什么"的时候，我还真没当回事。我有自己的教学主张吗？我需要有自己的教学主张吗？如果需要有，那我的主张是什么？这还真是问题。既然有人向自己提出了这样的问题，是不是该认真地捋一下呢？于是我开始有意识地审视自己一路走过来的经历，在回视自己的教学经历的同时，

---

① 埃利亚斯·卡内蒂.人的疆域：卡内蒂笔记 1942—1985 [M].李佳川，季冲，胡烨，译.桂林：广西师范大学出版社，2020：45-46.

有意识地读了一些教学理论著作，认真研究了身边一些同行对自己的教学实践以及教学言论的批评与建议。我终于明白，作为教师，无论你有意还是无意，在实际的教学行为与教学言论中总是有个人的认知与理解的，随着教学经历的增长，随着阅历的丰富，慢慢地就可能由无意而变有意，由不自觉到自觉地去思考和厘清自己对学科教学、学科教育目标、性质与任务的认识；也可能会审视自己对所教学科的教学主张到底是什么，教学主张与教育价值之间究竟是怎样的关系等问题。只不过许多时候也就停留在某个层面而懒得深入地探讨与建设而已。意识到这一点，我便慢慢地有了一些关于自己的语文教学观的文字。

所谓主张，就如一个人的生命历程一样，从懵懂到慢慢知人事。主张往往是一个人经历和思考的积累，随着时间的推移以及个人经历的丰富而逐渐成熟和演变而来的。一个人的主张可能起初是模糊不清的，甚至是受到外界影响和内在未成熟认知的直接反应。随着经历的增加，尤其是各种人生的挑战和经验的积累，一个人会逐渐形成自己独特的观点和主张。

从懵懂到慢慢知人事，这个过程涉及认知的成长、价值观的形成、道德观念的建立以及社会角色的理解，所有这些因素都会影响一个人的主张。这个过程也不是线性的，它可能伴随着反思、自我质疑、学习和适应。人们在与世界互动中不断地调整自己的思想和行为，会促使自己对某些现象的理解变得更加深刻和全面。

具体而言，一方面，这个过程是个人化的，因为每个人的经历都是独一无二的；另一方面，它带有群体色彩，人终究是社会的人，不可能不受群体意识的影响。在这个过程中，最重要的是持续地自我反思和学习，促使个体在生命的不同阶段形成、评估并重新塑造自己的主张。需要引起注意的是，教学主张带有明显的个人色彩，甚至是偏见，因而在一定程度上具有私密性，未必都要公开表达出来。不强求表达也是对人的尊重，对教育的尊重。

我之所以主张"遇物则诲，相机而教"，原本是在我最初几年的教学经历中所执教的公开课比较多的缘故。因为下意识中有这样的偏执：别人来听你的课，你总是一个套路，听过你几次课的老师慢慢地会对你的课生厌——上来上去，就这个套路，了无生趣，一个人的教学总得有些变化才是。于是，我总是试图争取做到每一次公开课总要有点"新变化"（在当时我可不是站在学生的立场上思考"变化"的）。20世纪80年代中后期开始，计算机慢慢普及了，计算机技术面向使用对象的思想给了我这样的启示：程序的设计必须面向对象的需要，对象需要什么，就给什么。教育作为培养人的事业，必须充分认识到由于一个人的生活、阅历，乃至遗传因素的差异，其需要可能是大不一样的。因为这许许多多的不一样，教师的教就应该不一样，就不能用一个标准、一个模子、一把尺子去要求和衡量所有的学生。这时候，我才有了从"学生立场"看教学与教育的意识。

我在《我为什么主张"遇物则诲，相机而教"》中对"遇物则诲，相机而教"的相关阐述是这样的："教学，尤其是语文教学的情境是瞬息万变的，随时随地都有可能发生意想不到的种种偶发事件，需要我们去妥善处理，这当中需要的是'遇物则诲，相机而教'的教学智慧。这智慧，强调的是将热忱和智慧结合起来，在教育教学活动中抓住最能触及人的心灵、震撼人的情感的特定环境，激发学生的学习兴趣、道德情感、道德认识，产生一种强烈的情绪体验，使受教育者在心灵深处留下难以磨灭的印记，这样的课堂教学势必是打破模式，脱离教案的。就语文教学而言，是要将语文放在社会文化系统中来认识学科特质的，实际的语文教学不仅要落实语文学科的基本任务，还要解决学生通过学习更好地学会生存、学会做人、学会学习的问题。"其"要义在突破教材的限制，将师生的生活实际、课外阅读所获得的间接经验引入教材，将书读厚"。

教育，总是在特定的情境中展开的，学科教学自然也是如此。"泰勒原理"指出生活情境与学习情境的相似度，决定了知识和技能的可靠性和牢固性。因此具体的教学总是在特定的情境中展开的，既然如此，教学在许多时候就必须是"相机"而为的，是要抛开预设的教案的。美国《连线》杂志创始主编凯文·凯利在其《失控》一书中谈到，很多优秀的发明创造，或是一个优化的组织结构，往往是在"失控"的状态下自然而然地形成的。马克斯·范梅南提醒我们："教育学对情境非常敏感""教育行动所需的知识应该是针对具体情境而且指向我们所关心的具体孩子"。①

"遇物则诲，相机而教"强调的是教育教学过程中情境的不可预设性，而非目标的不可预设性。当然，从教学设计的原理来讲，即便是预设的目标，在实际的教学进程中也是要根据具体的情况做出相应的调整的。美国学者荷烈治等在《教学策略——有效教学指南》中说，如果存在关于教学无可争议的论述，那就是没有一个"确"的方式能传授任何知识或教育任何人……如果教学是一个基于教师个人技能、知识和艺术性的决策制定活动，那么完成教学目标的途径也应该是多样化的。② 教学是一门学问，不仅要讲科学，也要讲艺术。即便读烂了世界上所有经典的教学论著作，也未必就掌握了这门学问。教学内容不一样，教学对象不一样，教学出发点不一样，就应该有不同的设计、不同的策略、不同的方法、不同的流程。何况，课堂上的情况千变万化，关键还是在教学者的理念与智慧。从这个角度来看"教学主张"，我倾向于它更多地属于观念层面的东西，而不单是技术层面的东西。教育教学需要技术，也需要理论，但是技术与理论的运用不应该是机械的和固化的，即便是教育哲学也是如此，它所揭示的也只是教育的一般规律和原则，规律和原则其实就是一种大方向，而不是具体情境与细节。事实上，我们的每一个教育行动总是在具

---

① 马克斯·范梅南.教学机智——教育智慧的意蕴［M］.李树英，译.北京：教育科学出版社，2001：64.
② 荷烈治，等.教学策略——有效教学指南［M］.牛志奎，译.北京：中国人民大学出版社，2011：11.

体的教育情境中展开的，所以范梅南说："教育学的本质就在一个具体情境的实际时机中自然表现出来，理论知识和诊断的信息不会自动地导出恰当的行动。"① 教育学并不是一种纯粹理论的学问，它的实质在于如何将理论应用于具体的教学和学习情境中。教育学理论提供了教育实践的指导原则和框架，但每个教学情境都是独特的，需要教师根据实际情况做出判断和选择合适的行动。教育学的本质在于理解和应用理论知识，以适应并塑造具体的教育实践，这要求教师具备高度的灵活性、批判性思维和创造性。

按心理发展学家霍华德·加德纳多元智能理论的说法，我们每个人都拥有八种主要智能：语言智能、逻辑－数学智能、空间智能、身体－运动智能、音乐智能、人际交往智能、内省智能、自然认知智能。但对具体的个体而言，每个人只有一到两个优势智能。正因为如此，人和人是有差异的，要想实现有效教学，要帮助每一位学生都得到发展，教师就必须关注个体的差异，善待每一位学生。对不同的学生在学习目标、学习内容、学习要求、学习进度、学习结果等方面区别对待，采取"智能本位评价"，实施"情景化"评估。"遇物则诲"强调的是在具体的情境中的教，"相机而教"强调的是教的过程中的智慧，这当中最为关键的一个问题是要尊重每一个个体的具体的因素。罗伯特·阿多特在《因材施教：个性化教学的灵感与

---

① 马克斯·范梅南.教学机智——教育智慧的意蕴［M］.李树英，译.北京：教育科学出版社，2001：4.

艺术》序言中指出，教学不仅仅是教课，就像医生不仅仅是开药一样。[1] 医生最终的目的是要把病治好，促使病人将自己托付给医生的是医患之间"坚定的人际关系"。而"教育工作者关心我们学术的（以及情感／心理的）健康发展。两者都着力于预防和解决各方面的问题"。[2] 教育教学不仅依赖于课程内容，更依赖于教师的社交能力与情绪感染力。因此，作为教师，在每一个教学活动中，都要关注每一个具体个体的状况；在与学生的互动中，从不同的个体情况出发确定相应的教学策略，选择相应的教学方法"相机而教"。因为有效的教学总是要从具体教学对象能完全理解的地方开始的。"遇物则诲"要的是教师能将教育教学的内容与学生熟悉的生活，已有的经验，尤其是当下的境况联系起来，从学生的理解和（或）兴趣点出发，为学生的学习"搭建桥梁"（培养良好的习惯而不是"直奔内容"），与学生共同建立"当前框架"，重新定义学习。教学主张的实践意义在于指导教师进行教学设计、实施和评价。它要求教师在教学过程中做出符合自己主张的选择，并以此来优化教学效果。

教育，作为一种深远的社会实践，其本质在于激发和培养学生的潜能，引导他们成为具有自主性、创造性和社会责任感的个体。在这一过程中，教学主张扮演着至关重要的角色。它不仅是教师个人教育哲学的体现，

---

[1] 罗伯特·阿多特.因材施教：个性化教学的灵感与艺术［M］.许洪珍，李彤韵，译.北京：中国人民大学出版社，2018：1.

[2] 同[1].

也是教育理论与教学实践之间相互作用的产物。

通常，教学主张植根于学校、教育机构、教师的教育哲学，涉及对学生的深刻理解、教学目标的明确设定、恰当的教学方法选择以及有效的评估方式。虽然具体内容和重点因个人或学校、机构而异，但它们共同的目标在于提供清晰的教学指导和框架，旨在支持和促进学生的全面发展。学校和教育机构的教学主张，彰显的是群体共识，从这个意义上讲，教学主张具备群体性特征。群体性教学主张是学校、教育机构、教师的核心信念和价值观的集中展现，指导着教师在教学过程中的行为和决策。个人的教学主张是学校、教育机构、教师关于教育和教学的根本信念和价值观在个体层面的体现。

一位教师的教学主张通常因个人的经验与认知使然，带有明显的个人性，反映了他对教育的目的、学生的本质、学习的过程以及知识的性质的深层次理解。这理解不仅涵盖教师对学生学习的看法、教育目标的确定、教育的社会和文化角色等，也包含了教育者关于如何有效组织和实施教学活动的见解，融入了对学生学习和成长的期望与目标。教学主张更多关注教育的宏观层面，如教育的目的和意义，是教师教学实践的指导原则，是影响教师选择特定教学策略和方法的基础。

教学主张的形成可能来自对教育理论、研究和最佳实践的深入学习与借鉴。教育理论提供了教学实践的视角和策略，教师通过对自身教学实践的反思和调整，慢慢形成了某种稳定的贯穿于教学生涯的成熟的教学理念，且能够在不断完善的教学理解中保持一致性。教学主张则是将这些理论应用到具体教学活动中的个性化表达。例如，布鲁纳的发现学习理论鼓励学生通过自主探索来获得知识，这一理论可以转化为鼓励学生自主研究的教学主张。

教育的宗旨与价值，决定了学科教学的宗旨价值。我们谈论一个人的教学主张时，必须审视他对教育宗旨与教育价值的认识。我们在谈自己的教学主张时，则更需要厘清自己对教育宗旨与教育价值的认识，偏离了教育宗旨与教育价值的教学主张，在一定程度上说就是反教育的。对任何学生来说，学习不是强加的，是自觉吸纳有关力量的一种文化过程，而不是教育过程化的过程；学习者选择的是他们想学的东西，而不是别人让他们学的东西，或者说他们不会按照规定的课程和教材来学习，也不会按照老师的统一要求来学习，他们所学的一定是他们需要的。我强调这一点，当然不是说要抛开课程标准与教材，而是强调在落实课程标准与教材要求的过程中，要"遇物则诲，相机而教"。任何一门知识的教学，都需要教师关注和了解学生的过去与当下，顺势而为，而不是强势填充与叠加。许多时候，对特殊的个体，还需要有点耐心，慢慢来。

关于我的"遇物则诲，相机而教"的语文教学主张，中国教育科学研究院研究员储朝晖是这样评价的："因材施教或许是教育最古老的原则，遵从天性进一步明确了对教育对象的尊重，沿着这个方向的探索永无止境，凌宗伟先生提出'遇物则诲，相机而教'是在这个方向上更为深入细致的探索，将为教学开辟更为深广的境界。"

任何一位教师对自己所教学科的认知与行为都是他的知识框架使然。任何一门学科的教学，其最终目标都需要帮助学生建立完整的知识框架。数学是逻辑结构和思维方式的培养，语文则是语言的建构与运用，文化素养、审美情趣和批判性思维能力的提升。

一个人的认知体系本质上就是一套知识框架。当一个人有了一套完整的知识框架，他就不会人云亦云。这就是我认为教学主张具有个性化特征的原因。然而，建立一个有效的认知体系并非一朝一夕的事情。它需要教师针对学生的学习差异和特点，动态调整和优化教学方法，以帮助每一个学生构建自己的知识框架。教学的意义与价值就在这里，教学的乐趣也在这里。从这个意义上说，教学主张的提炼是一位学科教师对如何帮助学生建构本学科认知体系的个人思考与实践的结晶。

一位教师的成长环境——无论是乡村还是城市，贫穷或富裕，保守或开放——都在无形中塑造着他对教育的看法。教学主张可能是教师个体基于自身教育背景、经验和信念形成的主观认知，也可能是经过深思熟虑和有意识构建的成果。对具体个体而言，他的教学主张可能源自个人的教育经验、观察和实践的累积。这种基于个人经验和观察的主张，具有明显的个体差异性。

教学主张的形成是一个复杂而多元的过程，很难用一个简单的词汇完全概括。它不仅是教师教学风格的体现，更是包含众多因素和理论的综合体。一个词汇或许可以概括教师的教学风格，但实际上一个人的教学风格也是多元、复杂的。

维特根斯坦在《逻辑哲学论》中说："我的语言的界限意味着我的世界的界限。"[①] 一个理想的教学主张应当通过扩展语言的边界来开拓对学科教学的认知视域，激发自己对教学认知的深度理解和对教学实践的广泛探索。维特根斯坦的"我的语言的界限意味着我的世界的界限"强调了语言在形塑我们理解世界的能力中的核心作用。教学应致力于不断扩展语言的边界，从而拓宽教师和学生对学科的认知视野，深化对教学内容的理解，并探索教学方法的多样性，以适应个体的发展和社会的变化。一个人的教学主张应该是动态的、发展的，也是多元的。

我的语文教学主张，就不限于"遇物则诲，相机而教"，还有诸如"语文教学在大气与细小之间""作文指导要让学生有话可说""语文课程应向人传送生命的气息""听说读写的背后是思维、情感、态度和价值观""语文教学设计必须正视语文学科的特殊性""语文学科同其他学科一样是一门实践性课程"等。甚至可以说我的《有趣的语文》《语文何为：语文学科核心素养与语文教学》目录中的每一个表达都在申述我的语文教学主张。

我在担任江苏省南通市通州区二甲中学校长期间，与同仁们一道提出了"关注生命，关注生活，关注生长"的二甲中学的学校教学主张。2013 年，离开学校专事教师培训工作及入校指导工作。经过一段时间，2016 年我提出了"目标导向，任务驱动，尊重差异，当堂进阶"

---

① 维特根斯坦.逻辑哲学论［M］.贺绍甲，译.北京：商务印书馆，1985：79.

的教学主张。当你慢慢丰富了自己的认知体系，你就会去完善自己的教育理解，修正自己的教育表达。一个人的科目知识和行动系统知识体系越完整，越强大，他就越有可能不断地完善甚至舍弃固有的认知框架，寻找新的框架。具有终身学习意识和生命活力的教师一定不会受制于现有的教学主张，而会在不断的实践反思中修正自己的教学行为，修正自己的教学理解和教学主张的表达。

本书一共三章，参与本书撰写的有林莹莹、黄丽红、林霞、陈辉影、周振宇、邱磊、朱建、张剑平等老师。第一章主要讨论教学主张与教学范式和模式、教学方法与策略等概念的关系与区别。第二章主要讨论教学主张提炼的一些视角，以及教学主张提炼中如何看待专家意见及来自方方面面不同的声音，强调作为个体教师的教学主张一定是昭示个人认知与理解的，同时强调教学主张的表述一定要简洁明了，一目了然，也不能违背教育原理。第三章则主要是"举案说法"，申明教学主张的实践性，我的认知是："教学主张是理论与实践的桥梁"，强调教学主张的"桥梁"功能，其实是强调教学主张是用来指导教学怎么"做"的准则，不可实施的教学主张不要也罢。这一章中的第二节到第五节分别由福建省厦门市海沧区的林莹莹、黄丽红、林霞、陈辉影四位老师的文字组成，她们都是我参与的厦门市海沧区中小学"发展中学校提升工程项目"中专家支持部分的学校负责人或种子教师，是"目标导向，任务驱动，尊重差异，当堂进阶"教学主张的践行者。我的想法是，与其让提出这一教学主张的我来谈其实践应用，还不如让具体的学校教师来谈更有说服力，更重要的是，她们这些文字原本就不是为这本书写的，我认为这就更具说服力。在收入本书时考虑到"体例"，我对林霞与陈辉影老师的两篇文章的标题做了改动，在此特做说明。感谢四位老师的支持！

感谢储朝晖老师欣然答应为本书作序；感谢我的家人一如既往地对我的包容，尤其是对我总是跟一些同行在一些问题的纠缠与争论中的包容；感谢华东师范大学出版社尤其是大夏书系总是给我一次又一次的机会；感谢所有支持和批评我的朋友，没有你们的支持与批评，我就不会有一次又一次的冲动下的思考与书写。

本书还收录了周振宇、邱磊、朱建等几位老师关于教学主张陈述与解读的文字作为链接，供有志于梳理陈述自己的教学主张的读者参考。有关章节也引用了一些老师的案例，在此一并表示感谢。

凌宗伟

2024 年 3 月 5 日（农历二月初六）于嗜书斋

第一章

教学主张是一个复杂的概念

本章导读

我的理解，教学主张是一个复杂的概念，它可以从教育观念和教育价值、教学立场和出发点、教学策略和方法、教学对象与内容、教学评价与反馈、教学的全面性与个人化几个维度去审视，从多个维度去理解。每个维度都对教学过程有着重要的影响，形成了教师如何组织和实施教学的基础。翻遍我手头的工具书并没有找到关于教学主张的名词解释。《教育学名词》尽管没有给"教学主张"做解释，但从"罕譬而喻：《学记》提出的教学主张，意指举例不多却说得明白易解""教学相长：《学记》提出的教学主张，原指教师自身的'教'和'学'相互促进。'学然后知不足，教然后知困。知不足，然后能自反也；知困，然后能自强也。故曰：教学相长也。'后引申为师生间互相促进"①这两个词条的解释可以理解：教学主张是指教师在教学过程中所坚持的教育理念和教学方法。它反映了教师对教育的看法，对学生学习的理解，以及对教学过程的认识。顾明远先生主编的《教育大辞典（增订合编本）》（上海教育出版社1998

---

① 教育学名词审定委员会.教育学名词［M］.北京：高等教育出版社，2013：43.

年版），同样没有给"教学主张"做解释，但分别在第 846、3757、4712 页阐释"非指导性教学""外语教学自学对比法""湛若水"三个词条时提到了"教学主张"："1952 年罗杰斯在哈佛大学演习班提出'以学生为中心'的教学主张，传播到欧洲后被称为'非指导性教学'。""它同古典语法翻译法之间有继承和发展关系，同多于异；而同直接法的教学主张，在许多重大问题上完全对立。""其教育教学主张，集中反映在所立《大科训规》中。"除"湛若水"词条中的文字看不出"什么是教学主张"，其他两个词条的解释，同样可以这么理解：教学主张，是一种对教学观念、教学方法和教学目的等问题所持有的理论观点和实践立场，是教师对教学工作的认识和理解的综合体现，体现了教师对人的本质和性质及其认识过程和培养过程的认识，决定了教师的教学设计和实施方式。

教学主张背后体现的是某些教育哲学主张

教育哲学是"以哲学的观点和方法研究教育基本问题的一门学科。为教育实践活动提供教育观与方法论指导、促进对教育理论与实践的反思"[①]。如本质主义、实用主义、建构主义等。不同人的教学主张可能因其所信奉的理论观点而有不同的侧重点，如强调知识传授、批判性思维、创造力培养或者道德和公民意识的形成等。一个人一旦建立了"指导个人教育实践活动的个人信念或意识"，就会建立起"一种从个人方面来思考的教育哲学"——个人教育哲学，"一种与'专业教育

---

① 教育学名词审定委员会.教育学名词［M］.北京：高等教育出版社，2013：5.

哲学'和'公共教育哲学'相对"的个人教育哲学。在这样的个人信念或意识影响下，就可能形成自己的"教学哲学"："以哲学的方式研究教学过程中的问题。如认识论假设、知识观、理性自主、教学价值、科学认识的本质、价值学习的性质等问题。"①

教学主张在教育观念和教育价值维度上体现了教师对教育的根本信念和价值取向，包括对学生的成长、学习的目的和教育的社会作用的看法。譬如，新课程方案和课程标准里提出的"做中学""用中学""创中学"就是当前教学改革的重要理念，如果我们将这一理念视为一种教学主张的话（有时候教学理念与教学主张是重合的，教学主张可能会直接反映教师的教学理念），"做中学""用中学""创中学"的主张以实践、应用和创新为导向，帮助学生在学习过程中逐步增强实践能力、应用能力和创新能力。"做中学""用中学""创中学"不仅涉及实用主义哲学，还涉及了建构主义学习理论、个体化教育理念、批判性思维发展等。简言之，"做中学""用中学""创中学"这一理念及主张认为学习不仅是掌握知识，更是培养独立分析问题、解决问题的能力的一个过程。

一般而言，教学理念为教师提供了一个教育观念的框架，而教学主张是在这个框架下发展出来的具体的教学策略和方法。在实际教学活动中，教师的行为往往是受到他们的教学理念和教学主张共同影响的。

教学立场和出发点维度聚焦于教师对教学、学习过程的基本理解与立场，比如是更倾向于学生中心还是教师中心的教学。

---

① 教育学名词审定委员会.教育学名词［M］.北京：高等教育出版社，2013：6.

教师的立场会影响他们在课堂上的角色定位——是指导者、协作者，还是权威的知识传授者。有些教师的教学主张体现在选择和实施的教学方法和策略上，包括课堂管理、教学活动的设计、教学材料的使用、技术的整合以及课堂互动的方式等。有些教师的教学主张更多地关注教学过程中的对象，即学生的需求、背景和特点，以及教学内容的选择和组织。他们会重点考虑如何使教学内容既符合课程标准，又能够满足不同学生的兴趣和学习风格。也有些教师的教学主张更多地关注以评促学，以评促教。他们会重点考虑评价反馈的机制与手段。在班级授课制尤其是 40~50 人不等甚至更大规模的班级授课制情形下，理想的教学主张还要关注教学的全面性与个人化之间的平衡，涉及差异化教学和包容性教育理念。

　　教学主张之所以被视为一个复杂的概念，如前所言，是因为它并非孤立存在的单一观点，而是一个涵盖教育观念、价值观、立场、策略和实践的综合体。教学主张关乎教师如何看待教育、如何设计和实施教学过程，以及如何评价教学效果。这里最为关键的是教师个人的教育观念与教育价值取向。

　　一个人的教育观念和教育价值取向也可以概括为一个人的教育理念。教育理念是一个人对教育的信念、观点和价值观的总和，它反映了个体对于教育的目标、方法和意义的看法。教育观念通常涉及对教育的目标任务、教育的方法策略等的看法。教育价值取向即个体对教育的价值观和伦理观的看法，比如教育的道德观、幸福观、元文化等（三者各有侧重点，但它们在教育实践中是相互联系、相互支持的，共同构成了教育理念的重要组成部分）。一个人对教学目的、策略、方法、内容、过程和效果的观念和信念共同构成了一个人的教学理念，对个体的决策和行为起着重要的指导作用。

　　教育理念与教学理念是教学主张的核心所在，反映了教师对教学意义和目的的基本理解与信仰。当这些观念和信念经过人们深入的思考并理论化和系统化后，它们就可能形成一个更高层次的认识，即教育哲学或教学哲学。教育哲学是对教育的本质、目标、价值以及实施过程中涉及的伦理问题进行深入探讨和理论化的学说。它不仅关注教育的现象，更关注教育背后的哲学原理和理论基础。教学哲学则更具体，它关注教学过程中的方法、策略和效果，包括对教学目标、教学方法、评价方式以及教师和学生角色的理解与设定。

　　我的教育哲学用一句话表述就是"教育是使人成为人的命业"。具体来讲，在我的认知里，教育是使自然人成为人的事业。我这样的教育哲学，影响了我的教学哲学"教学活动是一种生命的互动"，同时也反映了我对教学关系的理解。那么我的教学追求又是什么呢？是"三个关注"——关注生命，关注生活，关注生长。我最初对课堂教学的理解是，课堂是彰显生命的舞台。我的教学主张自始至终自然受到这样的教育观、教学观的影响。

良好的教学主张通常是一套系统的、相互关联的理念和策略

　　系统思维下的教学主张通常是一套系统的、相互关联的理念和策略，它们共同支持和增强学生的学习发展。每个维度都要求教师做出教学决策，并影响教学实践和学生的学习体验。根据这些维度，"教学主张"这一概念可以这样表述：教学主张

是教师在其职业生涯中形成的一系列关于教育的信念、价值观、立场和行为准则的综合体，它指导着教师如何理解教育过程、如何与学生互动以及如何组织和实施教学活动。它不仅涵盖了教学的目的和教学的本质，还包括方法、教学策略、内容选择、学生评价以及如何处理教学的全面性与个性化需求等方面。它体现了教师对人的本质和性质的认识过程和培养过程的认识，决定了教师的教学设计和实施方式。教师的教学主张通常会随着时间、经验和教育研究的进步而发展和调整。

简言之，教学主张，是一位教师在一种观念定位下的对教学目的和手段的审视，决定了教育者对教学的整体理解和态度。思考和回答的是"为什么教（学）""教（学）什么""怎么教（学）"的问题。

教学主张涉及不少相关的要素。其主线是教育哲学、教学哲学、教学追求、教学理解等。一位成熟的教师，有必要思考自己的教育哲学是什么，它的下位教学哲学又是什么。一个人的教学哲学的基础则是他的教学追求，而教学追求的基础又是一个人的教学理解。这其实是一个由形而下到形而上的过程。如下图所示：

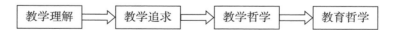

这一过程中还会涉及一个很重要的因素，那就是学科教学的特质。当讨论语文教学主张时，我们就要审视其有没有从语文学科课程要求和语文学科教学特点来呈现自己的教学主张。

一位语文教师如果一定要提出自己的语文教学主张，就要能表达出"语文教学的目标、任务（内容）和性质"，当然可以有所侧重，可以强调教，也可以强调学："为什么教（学）""教（学）什么""怎么教（学）"。

　　教学立场和出发点则涉及教师在教学活动中的角色定位和教学方法的选择。例如，倾向学生中心的教学立场的教师会鼓励学生主动参与和自我发现，而倾向教师中心的教学立场的教师则可能更多地强调教师的指导和知识的权威。每一种立场都有其优势和局限，教师需要结合自己的教学环境、学生特点和教学内容来决定适合的教学立场。

　　如何理解教学主张所涉及的要素，不同的人自然有不同的立场，我们南通的严清先生认为教学主张应包含教学目的（价值论）、教学认知（本体论）、教学关系（主体论）、教学行走（工艺论）等多维空间，不是冠个时髦名词自恋自嗨。他是这样阐释他所谈及的要素的："我的教学目的：和我的学生共同享用我们创造的语文生活；我的教学认知：语文是人之本质的符号化，在耳为语，在目为文，用'有意识的声音'和'有生命的图符'来完成人的表达和表征；我的教学关系：主体间性、班级授课制语境下的教师中心与学生学习自由（审美）并行；我的教学工艺：法度潜隐于艺术化的流程中。"我以为，严清先生的理解自然是在他的教育哲学和教育主张影响下的理解。而且，我尤其认同他所谈到的"教学目的（价值论）"这一要素，因为教学的目的是我们对教学宗旨的理解。任何教学行为总是为达成教学目的服务的。可以这么说，理解教学的第一步，就是要搞明白教学的目的是什么。而要弄明白自己的"教学主张"是什么，这也是首先必须弄明白的一个要素。

　　我以为《透视课堂》一书中所说的"一些研究者把科目知

识（subject-matter knowledge）和行动系统知识（action-system knowledge）做了区分。科目知识包括需要呈现具体的内容信息。行动系统知识则指计划上课、决定进度清楚解释材料和对不同学生做出不同反应的技能技巧"。对行动系统知识的系统化研究，"会有助于你学会：如何管理课堂；如何呈示知识信息、概念以及高效地布置作业；如何设计营造良好学习氛围，从而使学生成为主动学习者，并发展自学能力"。"如果我们不慎重考虑教学实践中的特别明显的言论，我们就会根据我们作为孩子和学生的经历来对其做出解释（要么把事情办好，要么把事情弄砸了）。"① 这对读者理解我对"什么是教学主张"的种种界定是会有帮助的。

科目知识和行动系统知识对教师的教学实践至关重要，它们相互依赖，一起塑造了教师的教学主张。教师需要有足够的科目知识，才能准确和有效地教授学生，并激发他们对学习的兴趣。行动系统知识是指教师在课堂管理和教学策略上的知识与技能。这种知识不仅需要教师掌握关于教学的理论，更需要教师在实践中验证这些理论，形成自己的教学理解。在教学主张的语境下，这两种知识体系构成了教师专业身份的重要组成部分，同时也是他们教育哲学和教学效能的关键因素。一个有效的教学主张应该能够结合科目知识和行动系统知识，以支持学生的全面发展。一位专业的教师不能只基于自己作为学生的经历来解释教学实践，如果这样解释，就可能导致对教学复杂性的认识不足。教学主张的形成需要深层次的理解和实践反思，

---

① 古德，等 . 透视课堂 [M]. 陶志琼，等译 . 北京：中国轻工业出版社，2002：3–4.

才能避免简单思维，囿于一隅看教学。

　　教学主张作为教师职业生涯中的指南针，是其教育实践的理论基础和行动指南。一个清晰、全面的教学主张能够帮助教师更好地理解自己的教育目标和方法，更有效地与学生互动，并且在不断变化的教育环境中保持教育理念和实践的连贯性。因此，教师应当持续地构建、审视和完善自己的教学主张，以实现教学工作的最大效益和最大价值。

第一节 教学主张与学科课程要求

前面谈到教学主张是教育实践中的灵魂，它涉及教师的信念、价值观以及教与学的哲学思考。不管有意无意，每位教师都怀揣着自己的教学主张，这些主张植根于个人的经验、教育理论的理解以及对学生发展的深刻洞察。教学主张不仅塑造了教师的教学风格和方法，而且对学生的学习经历产生了深远的影响。在探讨教学主张时，教师们必须考虑如何将这些主张与学科课程要求相协调，以确保学生能够达到教育的目标和标准。

学科课程要求是教学的框架，它确立了学习的目标、知识的范围和技能的标准，为教学提供了统一的向导，保证了在学科领域内，学生能够获得一致的、高质量的学习体验。这些要求旨在确保学生无论在哪个地区，都能接触到均等的学习机会，并且在完成学业时，达到预期的能力水平。

教学主张与学科课程要求之间的关系，是一种在一定原则下的动态关系。学科教师的教学主张必须以学科课程要求为基础，但也不应该受其束缚。原则上讲，教师应当在课程的大框架下，发挥自身的创造力，以自己的教学理解设计和实施符合学生需要的教学目标、教学活动与策略。同时，在实施过程中，教师还应不断反思和调整自己的教学主张，以保证教学活动能够有效地促进学生的学习。

举例来说，教师为中心的教学主张强调的是教师的权威和知识的传递。这种教学主张下的教学模式往往是，教师是知识的守门人，他们通过讲授、演示等传统方法，将课程要求的知识点和核心概念传授给学生。教师根据课程目标要求制定学习目标，组织课程内容，评估学生表现。这种模式下，学生通常扮演着接受知识的角色，他们通过记忆和重复来学习，而教师则通过各种形式的评估来衡量学生的学习成果。

相对于教师为中心的教学主张，学生为中心的教学主张更加强调学生的主动参与和个性化学习。在这一主张下，教师扮演的角色由传统的知识传递者转变为学习的促进者和指导者。教师在充分研究课程标准提出的学科素养要求和教学目标及教材的基础上，结合对学生学习实际的分析，设定与陈述合适的单元与具体课时的教学目标，围绕单元或课时目标设计各种教学活动，激发学生的兴趣，鼓励学生探究、合作和自主学习。在这个过程中，学生的已知、经验和兴趣成为学习的重要资源，教师依托这些资源帮助学生构建新知。在评估学生的学习成果时，不仅仅关注学生的知识掌握程度，更注重学生的思维过程、问题解决能力和创造力。

学习者为中心的教学主张则进一步强调了学习过程中师生互动的重要性。这种教学主张下的教学模式往往是，教师和学生一起参与到学习活动的设计和实施中，共同探讨问题，分享知识和经验。教师不仅是学习活动的设计者和引导者，同时也是学习者，他们在教学过程中与学生一起成长和发展。学生在这一过程中扮演着更加主动的角色，他们不仅负责自己的学习，同时也参与到课程设计和评估过程中，真正实现了学习的主体地位。学习者为中心的教学不仅仅是一种教学观念、主张、方法的变革，更是一种教育哲学的体现。它倡导的是一种平等、开放的师生关系，一种双向的教与学模式。在这种模式下，知识不再是简单地由教师传递给学生，而是通过师生共同的努力与探索而得到。教学活动不再是单向的灌输，而是通过互动、合作、探究来实现知识的共建和共享。

教学主张和学科课程要求是实现教育目标的双翼，它们相辅相成，共同构建了教育的大厦。在落实学科课程要求的过程中，教师的教学主张发挥着至关重要的作用。教师为了满足学科课程要求，需要学习新的教育理论、教学方法和技术，以此来丰富和完善自己的教学实践，推动自己持续实现专业发展。随着教学经验的丰富，教学理解的深入，以及课程要求的改变，教学主张也应不断地进行调整和优化，以适应不断变化的教学要求和学生群体。教师的教学主张应该成为促成教师思考和实践如何落实学科课程要求的指南针，在具体的课堂教学实践中引领学生在学习中发挥出最大潜能。

以语文学科为例，其教学主张就要围绕如何落实语文学科质量标准与教学目标上来思考。譬如，我提出的"语文学习不过是听说读写（无非随着时代的变迁在内容与形式上有些改变而已），思维、审美、文化等则在其中"这一主张就聚焦在语文课程的学科知识掌握与关键能力提升要求及教学目标上。

第二节　教学主张与学科特质

　　教学主张与学科特质紧密相关，它们共同影响教学策略和方法的选择。每个学科都有其独特的内容、思维方式和学习方法，这些特质要求教师发展和表达（采纳）与之相适应的教学主张。

　　学科特质指的是特定学科领域的独特性，如学科知识结构、思维方式、方法论以及学科价值观。教学主张的表述必须考虑这些特质，以确保教学活动的有效性和高质量。学科特质通常包含学科的核心概念、事实和原理，教学主张需要考虑如何有效地传授这些知识，也就是前面谈到的科目知识。同时，学科传递着特定的态度和价值观，如科学的客观性或文学的多元解读。不同学科强调不同类型的思维技能，如分析、评估、创造或应用。各学科有特定的学习策略，比如实验方法可能在科学学科中更为常见，而文本分析可能在人文学科中更为重要。教学主张需要考虑相应的教学策略与方法。此外，不同学科通常需要不同的评估方法来衡量学生的学习进度和成就。教学主张需要考虑相应的评估与反馈方式。每个学科都与现实世界中的问题和情境有所关联，教学主张应考虑如何将这些联系融入教学中。教学主张作为教学实践的核心理念，应与学科特质相匹配。一位教师的教学主张应该包括对如何教授和学习该学科的特定看法，以及对于该学科在较宽广教育目标中所扮演角色的理解。例如，一位数学教师可能强调解决问题和逻辑推理的重要性，而一位文学教师可能更注重批判性思维和创造性表达。这就涉及教学的行动系统知识了。

学科特质主要体现在特定学科的思维方式和方法上。科学学科强调批判性思维和概念理解，托马斯·库恩的"范式转换"理论便可应用于科学教育，帮助学生理解科学知识的发展和变化。而在人文学科中，如语文和历史，霍华德·加德纳的多元智能理论则可指导教师设计多样化的教学活动，满足不同学生的需求。

余文森老师在他的《从有效教学走向卓越教学》中就有这样的论断："很多名师的教学主张就是基于对学科特点、功能和精气神的深刻洞察、把握和领悟提炼出来的。"我以为余老师的这个论断是正确的，但他所列举的，"'语用语文''文化语文''感性语文''汉字文化导向的识教学''有思想的数学''智慧数学'等教学主张，它们分别从不同视角反映和彰显学科的精神内涵和价值追求"[①]，在我看来都不属于教学主张，充其量只是教学特点或教学风格（个性）。理由是什么，后面我会谈到。

学科特质构成了学科教学的基石，教学主张应与之紧密相连。其目的是帮助学生在不同的学习任务和知识领域中建立起有效的联系和深刻理解。举例来说，语文教学强调对文字和语

---

① 余文森. 从有效教学走向卓越教学［M］. 上海：华东师范大学出版社，2015：244.

言的深入掌握，我的"遇物则诲，相机而教"教学主张正是基于这一学科特质，强调以实际的语文生活和情境来激发学生的学习兴趣，提升他们的文学理解和鉴赏能力提出来的。毋庸讳言，我在 2003 年明确提出这一语文教学主张，是为了特级教师评审的需要，但这个教学主张确乎也是建立在此前我 20 多年的教学实践与反思的基础上的，呈现的是我 20 多年经验积累基础上的语文教学理解，在一定程度上是具备语文学科特质的。"遇物则诲，相机而教"这一指向实践的主张不仅反映了我多年教学经验的沉淀，也是在我对语文教学本质理解的基础上形成的基本认知。

语文学科强调文字和语言的运用能力。"遇物则诲"意味着语文教学必须以实际的语文生活和情境引导学生学习，指导学生通过实际物象来认识文学作品和文化现象，促进对文学和文化的理解与鉴赏能力的提升，并在具体的听说读写活动中帮助学生学习理解和运用语言；"相机而教"讲究的是从学生语文学习的实际出发，为学生提供相互交流和合作的机会，并在学生具体的听说读写活动中因势利导，顺势而为，促进学生自主的语言建构与运用的自觉性，培养他们的反思意识和自我批评精神。这些是我 20 多年一以贯之的认知与行为。

将教学主张与学科特质相匹配，不仅有助于教师更有效地组织和呈现学科内容，还有助于促进学生的深层次学习和理解。

之前在网上看到应永恒老师关于他的"本然语文"教学主张的课件，按应老师的说法，"本然"二字来自 1963 年，叶圣陶先生给福州一中题词："何以为教，贵穷本然，化为践履，左右逢源。"我以为叶圣陶先生的题词不仅是一个比较好的教学理念表述，同时也可以作为一种不限于语文的教学主张，应老师提取"本然"二字与语文结合起来成为他的语文教学主张，看起来简洁，也容易记。但尽管出现了"语文"一词，至少我们看不到语文教学的应然之道（或许这个"应然"，就是应老师提倡的"本然"）在哪里，尽管他说他的"本然语文"具体表现在"求真、求序、求和、求新、求实、求美"上，却没有凸显语文学科的学科特质——听说读写，或者今天课标上说的"语言的建构与运用"，如果不听、不看应老师的具体阐释就无法理解他将采取怎样的教学策略与方法促成学生如何达成他说的"求真、求序、求和、求新、求实、求美"与语文学科教学本质的关联。我的意思是说，"求真、求序、求和、求新、求实、求美"用在其他学科上也未尝不可。或许这也可以解释为什么各级名师培养项目不仅要求学员提炼教学主张，还要发表关于自己教学主张的论文，出版相关论著。

叶圣陶先生的"何以为教，贵穷本然，化为践履，左右逢源"则不然，表达了一种深刻的教育哲学，强调教学应当回归本质，深入探求事物的根本特性和原理，并将这些知识应用到实践中去，以达到源源不断地掌握知识和技能的境界。叶圣陶先生的这番话就可以理解为一种强有力的教学主张，它不仅涵盖了教学的基本原则，也包含了教师如何实施这些原则的指导意见——如何在教学实践中不断探索和创新，以及如何在变化的环境中找到平衡和适应的方法。这样的教学主张不仅适用于语文教学，也适用于其他学科的教学实践。这种主张鼓励教师去穷尽一切可能，去了解教学的本质，并将这种理解转化为行动，从而帮助学生达到全面发展的目标。

在我看来，"本然语文"四个字无法完全涵盖叶圣陶先生所提倡的教学理念的丰富性和深度。"本然语文"主张，虽然借用了叶圣陶先生的"本然"二字，但是其含义并没有完全传达出叶先生的教学理念（当然我们也可以理解为应老师并不是"采纳"了叶圣陶先生的教学理念，而是从叶圣陶先生的这一教学理念中得到启发，提炼了自己的语文教学主张）。"本然语文"四个字可能更多的是强调语文教学应该回归语文教学的本质，但是对于如何将理论知识转化为实践，以及如何在教学过程中不断创新和适应环境变化等，似乎并没有明确的指导。因此，虽然"本然语文"在名称上简洁易记，但在教学理念的深度和全面性上，似乎窄化了，甚至曲解了叶圣陶先生的本意。我以为这样的简洁不足为取。而"求真、求序、求和、求新、求实、求美"这样的注脚，则看不到语文学科的特质。所以，我以为这样的主张是可以商榷的。

总结一下，"本然语文"作为教学主张，就如前面谈到的"语用语文""文化语文""感性语文"，以及语文老师十分熟悉的"本真语文""简约语文""诗意语文"等一样看不出其语文教学的原则、价值取向、教学策略等，没有体现科目知识和行动系统知识的有机结合。

第三节　教学主张与教学范式、教学模式

教学主张与教学范式、教学模式是教育领域中密切相关但又具有不同含义的概念。如前所述，教学主张是教师关于教育的信念和价值观的总体描述。它基于教师对于教育的看法、教育目的的理解以及对于学生学习的认识。教学主张通常体现在教师的教育理念上，指导他们选择何种教学内容和方法，以及如何评价学生的学习成果，更多地应该属于个人对教学的行动系统知识的表述。这一节试图探讨教学主张与教学范式、教学模式的关系。

教学范式

教学范式通常是指教育领域内的一套理论框架和方法论，这些框架和方法论为教育研究和实践提供了基础性的视角和假设。教学范式可能会受到更广泛的社会文化理论和认识论的影响。例如，建构主义、行为主义、认知主义等都是不同的教学范式，每种范式都有自己的理论基础和教育实践方法。彼得·费利克斯·格日瓦奇在《范式改变与未来世界》中说："所

谓范式，原本是美国科学史家托马斯·库恩在 1960 年代提出的概念，也可以理解为思想、价值观、社会观念。范式变化指的就是这些思想、价值观和社会观念发生急剧的变化。简而言之就是思考方式的转变。"①也就是说范式与模式并不是一回事，范式简单的意思就是思维方式。彼得·费利克斯·格日瓦奇又说："范式当中既包括社会的范式，也包括个人的范式。例如，'教育应该是这样的'这种想法就属于社会的范式。"②国内 2013 年出版的《教育学名词》给教学范式的定义貌似与这个意思是一致的："对教学所作的最基本的界定或基本的解释。"③至少这个定义没将教学范式说成一成不变的模式。

根据库恩他们对范式的界定，我的理解，教学主张在一定程度上必须体现个人在教学问题上的思维方式。

教学模式

教学模式则更偏向于具体的教学实践，属于解决教学中某一类问题的方法论，也可以理解为课堂教学中解决某个具体问题时先干什么，再干什么（流程）以及怎么干（方法）的基本套路。教学模式是"在一定的教学思想指导下，围绕着教学活动中的某一主题，形成相对稳定的、系统化和理论化的教学范式。一般包括指导思想、主题、目标、程序、策略、内容和评

① 彼得·费利克斯·格日瓦奇.范式改变与未来世界［M］.岳珊，译.北京：华龄出版社，2022：20.

② 同①：23.

③ 教育学名词审定委员会.教育学名词［M］.北京：高等教育出版社，2013：34.

价等要素"①。譬如，20世纪上海育才中学的"茶馆式教学"、钱梦龙老师的"导读教学模式"就属于教学模式范畴。"茶馆式教学"更为明显，其特征是"读读、议议、练练、讲讲"。

美国学者乔伊斯和他的同事们的《教学模式》一书详细介绍了信息加工类模式、社会类模式：学习群体的构建、个体类模式、行为系统类模式四类教学模式，他们认为教学模式只是一种媒介，教师通过它可以获得多种成功的教学方法。教学模式是一个既严格又灵活的工具，不存在万能的教学模式。各种模式都包含特别的学习方式，教学模式指向学习模式，模式是基于个体的。

托马斯等人的《十大教学模式》一书则专注于介绍和解释十种具有广泛应用的教学模式。这本书详细讲解了每个模式的起源、理论基础、关键特点和实践指导。这十种模式由基本教学模式（1. 直接教学模式；2. 概念获得模式；3. 概念发展模式；4. 因果关系模式；5. 词汇习得模式）和高级教学模式（6. 整合模式；7. 苏氏研讨模式；8. 合作学习模式；9. 探究教学模式；10. 共同研讨模式）两部分构成。每种模式都有一定的适用场景和目标，书中的案例和分析目的在于帮助教师根据自己的教学需求和学生的特点选择合适的教学模式。

这些经典著作都强调了将理论与实践相结合的重要性，鼓励教师不仅要了解不同教学模式的理论基础，更要通过实际应用来掌握它们的运用技巧，从而不断提升教学效果。同时，教师也应该根据具体情况对模式进行适当的调整和创新，以满足

---

① 教育学名词审定委员会. 教育学名词［M］. 北京：高等教育出版社，2013：36.

不同学生的学习需求。

　　教师的教学主张通常与某个教学范式相一致。例如，一个相信知识应该通过学生自我探索和实践获得的教师可能会采纳建构主义范式。教学范式提供了教学模式的理论基础。教学模式是教学范式在实际教学中的应用，它是教学理念和方法的具体化。比如，基于建构主义范式，可以发展出项目制学习模式。

　　教师的教学主张同样会指导他们选择或设计特定的教学模式。一个强调批判性思维和学生独立性的教学主张可能会导致教师采用更多讨论和研究活动的教学模式。

第四节　教学主张与教学流程、教学活动

教学主张作为教师的教育理念和信念体系，对教学流程的每个环节都有深远的影响。教学主张为教师在教学设计和实施过程中提供了指导原则和理论基础。教学主张是教师根据个人的教育理念、经验以及对教育学原理的理解所形成的一系列信条。这些信条不仅影响了教师的教学模式、教学方式，同时还塑造了他们与学生的互动方式，以及教学流程的设计。如约翰·杜威所强调的"做中学"理念，反映了以学生为中心的教学主张，强调实践和体验在学习过程中的重要性。

教学流程

教学流程也叫教学步骤、教学程序、教学过程，是"教学活动的启动、发展、变化和结束在时间上的连续展开"[①]。简单地说，教学流程是指师生共同实现教学任务中的活动状态变换及

[①]　教育学名词审定委员会.教育学名词［M］.北京：高等教育出版社，2013：31.

其时间进程。前面在谈教学模式时提到，教学模式通常包括一系列的步骤、活动、角色分配和互动方式，是可以在课堂上直接应用的教学计划和流程。教学模式，属于解决教学中某一类问题的方法论，也可以理解为课堂教学中解决某个具体问题时先干什么，再干什么（流程）以及怎么干（方法）的基本套路。

教学流程是教师将教学主张落实到课堂实践中的具体过程，是教师将教学主张转化为具体教学行为的路线图，涵盖从课程设计到实施的全过程。它一般包括课程准备（教学目标设定、教学内容梳理、教学方法和媒介选择）、导入新课（引起兴趣）、呈现新知识、练习与探究、巩固与应用、即时反馈、课堂总结、课堂评价、布置作业、课后反思等。这些环节构成了一节课的骨架，指导着教师的教学活动。如维果茨基的"最近发展区"理论，强调教学活动需要根据学生的当前能力与潜在发展水平设计。

譬如，邱学华老师提出的"尝试教学法"的新授课一般结构就属于"流程"：

（一）基本训练（5分钟左右）
（二）导入新课（2分钟左右）
（三）进行新课（15分钟左右）
1. 出示尝试题
2. 自学课本
3. 尝试练习
4. 学生讨论
5. 教师讲解
（四）巩固练习（6分钟左右）

（五）课堂作业（10分钟左右）

（六）课的小结（2分钟左右）

（七）怎样编拟和出示尝试题

（见邱学华尝试教学在线）

　　我以为这样的流程对新手教师来说是有帮助的，经过一段时间这样的格式化训练，有助于新手教师熟练掌握教学的基本流程与教学规范；同时，这样的格式化要求对推广"尝试教学法"也是大有裨益的，一旦坚持下来了，教师就是"尝试教学法"的实践者、获益者，"尝试教学法"的规模与效益也就上去了。不过一位成熟教师或者专家型教师、优秀教师的课堂如果始终这样格式化操作，尤其是将时间掐得这么精准，恐怕是值得商榷的。

　　有效的教学流程应具备适应性，要适应具体的教学场景，尤其是具体的教学对象，优秀的教师总是会根据学生的实际表现和学习情况对教学流程（至少是在某些教学环节的时间安排上）做出相应调整的。教师在保持流程框架稳定的同时，如何创新和变通以适应各种学生的需求，是教学艺术的体现，也是实现最优教学效果的关键。一个优良的课堂教学流程应该是灵活的，教师的教学艺术在于如何在固定的流程框架下进行创新和变通，以适应不同学生的需求，实现最佳的教学效果。流程一旦固化，就会陷入"模式化"的泥淖，束缚师生的手脚，限制师生的思维，是不利于师生创造力的发挥的。

　　教学流程通常与教师选择的教学模式和教学方法密切相关。不同的教学模式和方法会影响教学的组织方式、活动安排以及师生之间的互动。信息加工类模式的课堂流程可能更为固定，重点在于知识的传授和学生的记忆理解。社会类模式课堂流程更为灵活，强调学生的主动探索和合作学习。

个体类模式课堂流程设计、个体化教学模式强调根据每个学生的能力、兴趣和学习风格提供定制化的学习体验。在个体化教学中，教师的角色更多的是指导者和顾问，而不是信息的单向传递者。技术的使用，如线上教学平台、适应性学习软件和教育应用程序，可以极大地促进教学的个性化。这些工具可以帮助跟踪学生的进度，提供定制化的学习路径，以及实时的反馈和支持。个体化教学要求教师对每个学生的学习有深入的了解，并且能够灵活地调整教学策略，以满足学生的个别需要。

教学活动

教学活动，亦称"教学事件"。一般指教师为促进和激发学生学习精心安排和组织的内部过程，或者一系列外部活动。[①]教学活动是教学流程中的核心，是教学过程中教师和学生互动的具体实践，是实现教学目标的关键手段。教学活动是在特定教学方法框架下，用以实现教学目标的具体实践，是教学方法的具体体现，通过吸引学生积极参与来促进学习的发生。教学活动应当以学生为中心，通过多种互动形式促进知识的掌握和技能的发展。教师要根据自己的教学主张，设计促进批判性思维、合作学习或个性化学习的活动。如，小组讨论、实验或实践操作、角色扮演、实物制作、头脑风暴、游戏和模拟、项目

---

① 教育学名词审定委员会.教育学名词［M］.北京：高等教育出版社，2013：1702.

学习等。

　　活动设计需考虑学生的不同背景、学习习惯和能力水平。这就要求教师的教学设计与实施必须创造一个积极的学习环境，激发学生的好奇心和探究欲，以培养他们的批判性思维和解决问题的能力，确保每位学生都能得到挑战和支持。教师在活动中扮演多重角色，既是知识的传递者，也是引导者和协作者。在课堂上，教师的互动方式、对学生的回应和教学调整都受其教学主张的影响。一位强调探究学习的教师可能会在课堂上提供更多的问题导向学习和小组讨论机会，鼓励学生主动探索和分享。

　　教学评价是有效教学的重要环节与活动，旨在提供反馈，指导学生学习和教师教学的改进。教学评价可以是形成性的，也可以是总结性的，目的是帮助教师了解学生是否掌握了教学目标所规定的知识和技能，同时也可以帮助学生了解自己的学习进展。教学评价还能提供对教学策略和方法有效性的反馈，供教师参考和调整教学流程与活动，甚至教学目标与任务。教师的主张会影响其选择何种评估方法，如何解读评估结果，以及如何根据学生的表现提供反馈。譬如，倾向于格式塔心理学的教师可能更重视学生整体理解和应用能力的评估，而不仅仅是记忆和重复。

　　教学主张塑造了教师的教学目标和期望，这些目标和期望又指导着教学流程与活动的设计。具有专业精神的教师会在自己的教学主张引领下探索设计出适合自己和学生以及教学内容的教学流程，并通过教学评价来不断完善教学实践，逐渐提升自己的专业化水平，实现教学活动的最大价值。教学主张确保了从课程规划到课堂实施再到评估与反馈这一教学流程的一致性和连贯性。在教学流程的每个环节，教师的决策都是基于其教学主张，确保所有教育活动和决策与其教育理念相符。

　　教学主张不仅影响教师在教学流程中的每个决策，而且也通过教学实践的反馈来不断地调整和发展自己的教学主张。理解这种动态关系有助于提高教学效果，确保教学活动能够更好地满足学生的学习需求和促进其全面发展。

第五节　教学主张与教学方法、教学策略

教学主张是指教师在教学过程中所持有的理念和信念，反映了教师对于教育和教学的认识与看法。持不同教学主张的教师在课堂上采用不同的教学方法和策略，从而影响学生的学习效果和教学质量。教学主张形成了教师的教学哲学基础，影响着教师选择什么样的教学方法和教学策略。教学方法是教师根据教学主张和教学目标选择的实施方式，是一种更为宏观的选择。教学策略更侧重于具体实施层面，是教师在教学过程中的实际行动和调整，更具体、更灵活。

理想情况下，教师的教学主张、教学方法和教学策略应该是一致的，共同服务于教育目标的达成。在实际教学中，教师需要通过反思和评估自己的教学实践，不断调整这三者的关系，以提高教学效果。

教学方法

教学方法是"为达到教学目的，实现教学内容，运用教学手段进行的由教学原则指导和一整套方法组成的师生相互作用

的活动"①，是教师用来实施教学策略的具体操作手段。教育学范畴的教学方法包括讲授、讨论、实验、案例研究等，它们直接影响学生的学习体验。教学方法回答的是"我将采用哪些具体的活动和练习来促进学习"的问题。譬如，布鲁姆的"发现教学法"、邱学华老师的"尝试教学法"、李庾南老师的"自学·议论·引导教学法"等。有效的教学方法能够激发学生的兴趣，促进其积极参与，并帮助他们构建知识与技能。如，讨论法、发现法、尝试法、实验法、游戏化学习法等，都是实现教学策略的具体行动步骤。教学方法的选择依赖于教学目标、学生的需求和学习起点、教学资源和时间限制等。教学方法侧重于如何有效地传授知识和技能，以及如何管理课堂以促进学习。

在选择教学方法时，教师需要考虑到学生的年龄、背景、学习目标和内容的复杂性。例如，对于年幼的学生，游戏化学习和故事讲述可能是非常有效的教学方法，因为它们能够吸引学生的注意力并通过娱乐性活动促进学习。对于成年学习者，案例研究和项目式学习可能更为合适，因为这些方法能够提供实际应用知识和技能的机会。

前面说到，教学主张属于哲学层面，是一种信念和价值观。它影响着教师选择什么样的教学方法和教学策略。教学方法是教师根据教学主张和教学目标选择的实施方式，是一种相对宏观的选择。教学策略更侧重于具体实施层面，更具体、更灵活。

教学主张是最为抽象的，不直接告诉你在课堂上应该做什

---

① 教育学名词审定委员会.教育学名词［M］.北京：高等教育出版社，2013：32.

么，而是提供一个框架，告诉你教学应该基于什么原则。教学策略和教学方法则是这些原则的具体化，它们告诉你如何根据这些原则来教。相对于教学主张，方法是中观层面的，关注整个教学过程和结构；策略是微观层面的，关注具体的教学活动和实践。方法是为了实现教学目标而设计的总体计划；策略是用来完成特定任务的具体技术。方法有更广的视角，包括教学环境的创设、学生动机的激发等；策略则专注于特定的教学技巧和课堂操作。策略需要根据学生的需要和教学目标的变化进行调整；方法则可以在不同的策略框架中灵活运用。教学主张、教学方法和教学策略虽然是相互独立的概念，但它们在实际的教学过程中紧密相连，共同塑造了教学的过程和效果。教学主张指导着教学方法的选择，而教学方法又具体化为各种教学策略的运用，共同促进教学目标的达成。理解这些概念之间的关系对于提高教学质量和促进学生学习具有重要意义。这三者构成了教学过程的核心要素，但它们各自承担着不同的角色和功能。虽然三者层次不同，但它们相互影响。一位教师的教学主张会影响其选择和实施的教学策略与方法，而实际的教学经验又可能反过来塑造或调整教师的教学主张。

教学策略

教学策略是实现教学主张的工具和手段，更多关注教育的方法论和实施层面。教学策略是"建立在一定理论基础之上，为实现特定的教学目标而制定的关于教学活动的操作程序方法、技术、手段的方案。是师生进行教学活动的具有总体性的对策构思"①。教学策略可能包括课程结构的设计、课堂管理的方法、互动和讨论的方式，以及促进、评估和反馈的方式，如合作学习、项目式学习、探究式学习等。回答的是"为了达到教学目的，我将如何引导整个学习过程"的问题。它们通常围绕如何组织课堂活动、如何促进学生参与和互动、如何评估学生的学习进行设计。简言之，策略是一系列计划中的行动和过程，用于指导教学活动和学生学习。教学策略基于教学主张，并受到教师对学生特点、学科内容、课堂环境等多种因素的考虑。譬如，《激发学生认知参与的 50 个策略：为学生构建更高层次的思维训练系统》中介绍的 50 个策略，《如何在课堂中使用差异化教学》中介绍的 25 个策略。感兴趣的读者可以买来翻翻。

　　教学策略的设计需要教师对学生的前知识、兴趣、学习风格和动机有深刻的理解，同时也要考虑到学科特点、课堂资源、学校文化以及社会期望等因素。钱梦龙老师的"以学生为主体，以教师为主导，以训练为主线"在我看来主要属于教学策略。如果要深究，"以学生为主体"或许可以理解为教学理念（其实这个理念背后隐含的对教师主体的否定是值得商榷的）；"以教师为主导"或许可以理解为教学立场；"以训练为主线"则可能属于教学策略。这三个方面结合起来构成了一个全面的方法层面教学框架，旨在通过教师的有序引导和以学生为中心的教学活动，通过有效的训练手段，提高教学效果，促进学生的全面发展。

　　有效的教学策略应该是灵活的，能够适应不同的教学环境

---

① 教育学名词审定委员会.教育学名词［M］.北京：高等教育出版社，2013：30-31.

和学生需求。"以学生为主体，以教师为主导，以训练为主线"在实际教学过程中，需要相互配合，灵活运用，才能达到最佳的教学效果。钱老师的教学策略影响了 20 世纪八九十年代的很多语文老师。

再如，一位教师可能会设计一个旨在提高英语口语能力的策略，该策略可能结合角色扮演、小组讨论和模拟面试等多种教学方法。在这个过程中，教师需要不断观察学生的反应，评估教学效果，并根据需要调整教学策略。

第六节　教学主张与教学风格、教学特点

如前所说，教学主张体现了教师对于什么是重要的教学和学习、教师和学生应该如何互动、教育应该达到什么目标等问题的回答。教学主张是教师教育理念的核心，源于教师对教育的基本信念、价值观念和教育目的的深思熟虑。这一信念系统通常是基于教师的个人教育经验、对教育理论的理解以及对学生发展的认知所构建。它不仅是教师在教学实践中的指导原则，也是其选择教学内容、方法和评价方式的基础，影响着教师的教学风格和教学特点。

教学风格

教学风格更注重于教师在教学活动中的行为表现和方法。是"教师在长期的教学实践中逐步形成的独具个性的教学思想、教学技能技巧和教学风度的稳定性表现"[1]。它通常是教师教学主

---

[1] 教育学名词审定委员会.教育学名词［M］.北京：高等教育出版社，2013：34.

张与个性、经验结合下的自然表达。教师的教学风格影响着课堂氛围和学生的学习体验。不同的教师可能展现出截然不同的教学风格：一位严谨系统的教师可能倾向于讲授式教学，追求结构化和内容完整性；而一位灵活激情的教师可能更喜欢探究式教学，注重课堂的开放性和学生的互动参与。譬如，程千帆先生晚年这样回忆自己的两位先生："季刚先生树义谨严精辟，谈经解字，往往突过先儒，虽然对待学生过于严厉，而我们都认为，先生的课还是非听不可的，挨骂也值得。季刚先生喜欢骂人，但他骂，正是对你有厚望，他帮助学生也是不遗余力。殷孟伦先生跟他念书，就在他家里念，中午都不回家，吃了六年中饭，就是让他有个好的读书环境。小石先生的语言艺术是惊人的，他能很自在地将复杂的问题用简单明了的话表达出来，由浅入深，使人无不通晓。"

教育心理学家卡尔·罗杰斯强调了教师个性在教学中的作用，指出教师的真诚、同理心和尊重对学生学习的重要性。教师的教学风格，如严谨系统或灵活激情，不仅是他们教学主张的反映，也影响学生的学习动机和成效。

教学特点

教学特点指的是教师在教学过程中展现的个性化属性或质量，属于教学艺术范畴，是"教师为达到最佳教学效果而使用的知识、方法、技巧和创造力的综合表现"[①]。这些特点可能源

---

① 教育学名词审定委员会. 教育学名词 [M]. 北京：高等教育出版社，2013：38.

于教师的个人兴趣、性格、生活经历，也可能是不断教学实践和专业发展的结果。如教育学家霍华德·加德纳的多元智能理论所示，教师的多样化特点可以满足不同类型学生的学习需求。幽默感、耐心、组织能力、创新性和对学生的关怀，通常是同事、学生描述和记忆教师的关键词。譬如，汪曾祺在《沈从文先生在西南联大》中说："沈先生不长于讲课，而善于谈天。""沈先生的讲课，可以说是毫无系统。……他大都是看了学生的作业，就这些作业讲一些问题。他是经过一番思考的，但并不去翻阅很多参考书。沈先生读很多书，但从不引经据典，他总是凭自己的直觉说话，从来不说亚里士多德怎么说、福楼拜怎么说、托尔斯泰怎么说、高尔基怎么说。他的湘西口音很重，声音又低，有些学生听了一堂课，往往觉得不知道听了一些什么。沈先生的讲课是非常谦抑，非常自制的。他不用手势，没有任何舞台道白式的腔调，没有一点哗众取宠的江湖气。他讲得很诚恳，甚至很天真。但是你要是真正听'懂'了他的话，——听'懂'了他的话里并未发挥罄尽的余意，你是会受益匪浅，而且会终身受用的。听沈先生的课，要像孔子的学生听孔子讲话一样：'举一隅而三隅反'。"[①]

在教学实践中，教师的教学主张影响其教学风格和特点的形成。教师可能会根据自己的教学经验和学生反馈逐渐调整教学主张，进而影响其教学风格和特点。教育理论家如布鲁姆的教育目标分类学，强调了教师在认知、情感和心理动力层面的发展，这些发展往往会直接反映在一个教师的教学风格和特点上。

---

① 汪曾祺.人间草木［M］.北京：北京时代华文书局，2017：187.

可以肯定的是，一个人的教学风格和特点的展现为教师的教学主张提供了实践的基础，同时日常教学中的互动和经验也可能促使教师对自己的教学主张进行反思和调整。

需要提醒注意的是，有时我们可能会将教学风格或特点误认为是教学主张。例如，余文森老师提到的"语用语文""文化语文""感性语文""汉字文化导向的识字教学""有思想的数学""智慧数学"，尽管它们从不同视角反映了学科的精神内涵和价值追求，但它们更多的是表征某种教学风格或特点的描述，而非深层次的教学主张。当初钱梦龙先生说我"备课精细，功底深厚"，肖川老师说我"大气磅礴，细处摄神"，我们区教科室原主任张鸿兵先生认为："凌宗伟的课，之所以那么潇洒自如，深受学生欢迎和同行赞赏，源自他一贯的教学风格：贵在一个'随'字，随学生之意、随教材之意、随机、随和的灵活、机敏与风趣。不刻意作秀，没有固定的模式。形散而神不散，犹如散文般的洒脱。"我的恩师陈有明先生则总是提醒我，"你就是凌宗伟"。这些只是他们在我的教学中看到的教学素养、态度、个性、风格，但都不是我的"教学主张"。我的语文教学主张是"遇物则诲，相机而教"，是"听说读写的能力必须在听说读写中提升"，是"语文无非听说读写，思维、审美、文化则在其中"……

第七节　教学主张是多元的、动态的、发展的

如前所说，教学主张对个体的教育者而言，尽管有相对的稳定性，但本质上应该是多元且动态发展的，而非固定不变的。每位教育者都拥有独特的教学风格和偏好，受个人经验、教育背景、专业发展和教学环境等多种因素的影响。教学面临的教学环境，包括学生的特性、学科内容、教育政策等，都是不断变化的。教育者需要能够根据这些变化，调整和改进自己的教学理念和策略。因此，教师的教学主张会随着不同情境和学生需求的变化而变化。所以我认为教学主张应该是多元的、动态的、发展的。

河北张家口支玉恒老师关于语文教学就有 12 条教学主张。这 12 条主张是这样的：

1. 教学就是在教师的引导下，学生身心素质（包括思想、品质、智力、能力、学识、胆识、自信、创造力、艺术修养和体质等）获得提升的过程。

2. 各学科总的教学目标，是培养学生认识和改造客观

世界的能力。

3. 教学要充分激发学生的生命活力，让他们在学习知识、技能的过程中，发挥最大的主观能动性，依靠自己的努力完成学习任务。

4. 语文学科是人生各项学习中最具基础性和工具性的学科。它的最基本、最直接的教学目标，是让学生学会母语，掌握并运用祖国语言文字。语文工具性和人文性的统一，就是要统一在语言文字的教学上。把握了语言文字，其内在的人文因素就自然而然地凸现出来了。

5. 语文教学中的情感、态度和价值观教育，是靠语言文字的感染力量完成的，所以学好语言是语文教学的关键。

6. 读是语文教学中最重要的语言实践。它既是语文学习的一项重要内容，又是学生学习语言、积累语言最重要的手段。

7. 要上好语文课，体现语文教学的本色，就应该用语文的手段解决语文的问题。最基本的语文的手段就是听、说、读、写。因此，上语文课，可以说就是要用听、说、读、写的手段，解决字、词、句、篇的问题。字、词、句、篇的问题解决了，情感、态度和价值观的熏陶也就自在其中了。

8. 语文教学要十分重视语文学科的整体性，大到学科的性质和结构，小到一篇文章，都要使学生有一个通观全局的把握。

9. 写作难，难在学生没有内容可写。作文教学首先要解决内容问题。内容决定形式，有了内容，写作方法就有了对象，有了依托。写作内容来源于学生对生活的认识。

学生有了对生活的观察和体验，再加上思考和提炼，脑海中就有了文章的雏形，写作就不难了。

10. 读、写、说，是语文教师最主要的教学基本功。教师有浓厚的阅读兴趣，能通顺流畅地、有感情地朗读文章，能写一手好字，有好的文笔和好的口头表达能力，就为自己的教学增添了双翼。

11. 教学语言是教师最常用的教学手段。教师清晰、简洁、流畅、易懂、幽默、有感情、有启发性、有说服力和感染力的教学语言，是教好课的首要条件。

12. 语文教学要上升到艺术的高度，教师就必须有效地激发学生的学习兴趣；必须追求"教是为了达到不需要教"的境界；必须将教学植根于对学生深厚的爱，与学生的情感产生交流与共鸣；必须具有高明的教学机智和随机调控的能力；必须逐步确立自己的教学个性，形成自己的教学风格。

（选自"小学语文名师"微信公众号：《简简单单教语文》）

　　一位专业的教师会随着教龄的增加，阅历的丰富，岗位的调整，学习的深入，理解的渐进与不断完善，不断调整或变化自己的教学主张。前面谈到 2003 年为申报特级教师做准备，我写过一篇短文《我的语文教学观：遇物则诲，相机而教》，陈述了我的语文教学主张，后来陆陆续续写了《教育价值应成为学科教学的追求和旨归》《我为什么主张"遇物则诲，相机而教"》。我也在序言里提到《有趣的语文》《语文何为：语文学科核心素养与语文教学》中目录的每一个表达都在申述我的语文教学主张。

2008 年我调任江苏省南通市通州区二甲中学校长，到任初期，花了大量时间观察和分析学校的教学现状，我发现，虽然各位教师都各自有着不错的教学方法和技巧，但整体上缺乏学校的教学理念来指导其教学实践。在我看来，一所优秀的学校，不仅需要有扎实的教学质量，更需要有明确的教育导向。

基于这样的认识，我开始与管理团队进行一系列深入的讨论和思考，试图构建一个能够被全校教师所认同的教学理念。当时我们正组织"二甲中学'今天第二'青年教师读书会"，共读杜威的《民主主义与教育》，杜威的教育哲学对我们的启发很大。在讨论和反复推敲之后，我们最终确立了"关注生命，关注生活，关注生长"的教学主张。这是基于杜威所说的"教育即生活"与"教育即生长"的教育哲学而来。

2013 年我从教学岗位转向教师培训。在大量的课堂观察、入校指导等教学现场的浸润下，2016 年我提出了"目标导向，任务驱动，尊重差异，当堂进阶"的教学主张，是基于教育中普遍重要原则的思考，强调了教学目标在教学中的决定性意义，主张学生的主动参与、个性化的教学支持和教育者的教学反思与调整。我以为这一主张对学校教学具有普遍的指导意义。

具体而言，"目标导向，任务驱动，尊重差异，当堂进阶"这一教学主张的背后融合了教育心理学、认知心理学、教学设计原理等多个学科的理论。例如，目标导向理念基于教育心理学中的目标设定理论，此理论认为明确的学习目标能够有效激发学生的内在动机，促进自主学习。任务驱动的教学方法则是建构主义学习理论的体现，强调通过参与真实且有意义的任务，学生能够在实践中构建知识和技能。尊重差异则体现了对学生个体差异的深刻理解，强调采用差异化教学策略来满足不同学生的需求。当堂进阶则涉及即时反馈和适应性教学的理念，强调教师应根据学生的即时学习情况灵活调整教学策略。

之所以提出这样的教学主张，是因为 40 多年的教学实践与将近 30 年教学管理、教学指导（从学校退休以后的行走与全国各地的入校指导）实践告诉我，在教育的广阔领域中，理解"教学"本质的重要性不容小觑。一个教学主张不能仅满足于凸显教学风格和教学技巧，而应建立在深入理解教学原理的基础上，应该集理念、策略与行动为一体。如此，才能为理论与实践搭建一座桥梁，既为教学提供方向性的指导，又为具体的教学提供策略参考，同时还能提醒教师不断地反思和调整教学行为。

可以这么说，教学主张要将抽象的教育理论转化为具体的理解——对理念、原则、原理的理解，使教师能够根据理论指导设计和实施有效的教学方法与策略。例如，布鲁姆的教育目标分类理论指导教师设计不同层次的教学目标，以适应学生的不同学习需求。在实际教学中，教师通过反思和调整教学实践，不断完善自己的教学主张。这种持续的自我反思和调整不仅是教师专业成长的关键，也是教育理论与实践相结合的体现。随着教师经验的积累和专业发展，一个人的教学主张会持续发展和完善，以适应教育领域的不断变化和学生的多样化需求。

就我个人而言，从"遇物则诲，相机而教"，到"关注生命，关注生活，关注生长"，再到"目标导向，任务驱动，尊重差异，当堂进阶"，一以贯之的就是学生立场，从学生个体差异出发推动学生生命发展的立场。"遇物则诲，相机而教"从具体的教学场景出发考虑教学的目标策略与方法，"关注生活"的理念同样强调根据具体的教学情境进行教学，这与"关注生命"

和"关注生长"的理念是完全吻合的。"目标导向,任务驱动,尊重差异,当堂进阶"需要教师设定明确的学习目标,根据情境设计具体的学习任务,根据学生的实际需求和差异进行教学,以即时的评价反馈帮助学生由一个台阶进入上一个台阶,看到自己的学习进步,与"遇物则诲,相机而教""关注生命,关注生活,关注生长"的教学主张是一脉相承的,只不过侧重点有所调整而已。这样的调整是因为"遇物则诲,相机而教"是我个人的语文教学主张,带有明显的个人色彩,强调的是教育的即时性和针对性,教师需要根据学生在课堂上的情境进行教学。这就要求教师具备高度的敏感性和创造性,能够针对即时的教学场景发现教学的契机,快速调整教学内容和方法,使教学活动与学生的实际体验紧密相关。

"关注生命,关注生活,关注生长"是学校的基本教学理念,属于学校教学哲学层面的群体性观念。一所学校的教学主张,不仅要关心教学内容与学生生活的联系,还要关心学生作为一个生命体的整体发展。在学校个人的教学主张基础上,进一步强调了教育的人文关怀,关心学生的情感、精神和心理健康。教学不仅需要关注全体学生,还要促进学生的个性化发展,帮助他们在社会和个人层面实现成长。

"目标导向,任务驱动,尊重差异,当堂进阶"则是更为广阔的视角下的教学理念,关注的已经不是一人一校了。倡导学校和教师在这样的主张下形成自己的一套主张,指导教师在教学设计与实施中进一步细化和具体化教学方法与策略,使之能够更好地服务于学生个体差异和实际需要。

教学主张的调整表明了教学主张是发展的,是动态的,需要随着社会的变化、学生需求的变化以及教育研究的新发现而不断调整和完善，更需要通过不断地反思和实践调整完善。

总之，教学主张是一种动态发展而相对稳定的理念，既凸显教师的个人风格和技能，又建立在深入理解教学原理的基础上。它不仅为教学提供方向性的指导，还为具体教学实践提供策略参考，促使教师不断地反思和调整教学行为，从而推动教育实践的发展和创新。教学主张对于教育者来说是多元发展而非固定不变的。教学主张可能也必须随不同的情境和学生需求而变化，调整和践行自己的教学主张，力求做到科学与艺术的完美结合。

第八节　教学主张的个人属性与群体属性

作为一个有着 20 多年学校管理经历的过来人，我认为教学主张有个人属性，也有群体属性。个人属性是指每个人无论有意无意都有自己的教学理解，其主张带有明显的个人特点与风格，以个人专业发展为目的；群体属性是指一所学校或一个机构倡导的教学理念，以指向学校教学质量提升，推动教师教学研究。个人的教学必须是教师个体在教学实践中凝练的，学校倡导的教学是学校精神下的教学规范要求使然，其宗旨都是为了学生的发展。

个人属性是教师自身专业发展的体现，体现了教师个人的教学理解、教学个性和教学风格是教师在教学实践中，通过不断地实验、反思和改进形成的。教师的个人教学主张是他们在教学实践中的个人智慧和经验的凝练，也是他们专业发展的重要标志。

群体属性则代表了学校或机构的共同理念和价值观。它是学校或机构为了提升教学质量，推动教师教学研究，以实现学生发展的目标而设定的教学规范和标准。这些规范和标准是在学校或机构的文化和精神下形成的，是学校或机构的共享智慧和经验的体现。

教师需要在个人的教学实践中形成自己的教学主张，同时也要接受和实践学校或机构的教学理念和规范。只有这样，教学主张才能真正发挥其在指导教学实践中的作用，提升教学效果，促进学生的发展。

前面提到当年二甲中学的"关注生命，关注生活，关注生长"的教学主张就是学校的教学主张，是群体性要求，或者说共识。

"关注生命"，则要求每一位教育工作者都要尊重每一个孩子的生命个性，关注他们的情感和意愿，理解他们内心的需求和期待。做教师的必须认识到每个学生都是独特的个体，他们有着不同的背景、兴趣和潜力。课堂教学应当是多元化和个性化的，应该立足于帮助每一个学生找到最适合自己成长的路径。

"关注生活"，意味着课堂教学不能脱离学生的实际生活。我们认为，教育的目的不仅仅是传授知识，更重要的是要教会学生如何运用这些知识来解决生活中的实际问题。因此，必须鼓励教师们将课堂教学与学生的日常生活紧密结合起来，让学生在解决问题的过程中学习和成长。

"关注生长"是全面发展的教育观，人的全面发展不仅仅包括课程知识的学习，更包括技能、态度、情感等方面的培养。作为教师，应该在教学中帮助学生树立正确的人生观和价值观，培养他们的批判性思维和创新能力，为他们在未来的生活中获得幸福及生命成长奠基。

"关注生命，关注生活，关注生长"的教学主张考虑的首先是学生的学，其次是充分研判学生如何学到、学会的基础上，考虑教师如何去教，讲究"相机而教"，追求课堂的动态生成。

在"三个关注"的课堂中，安排充分的自学内容，讲究课前的预习与课后的总结和反思，契合了新课改教师主导的理念。

"三个关注"的课堂教学理念能在当时的二甲中学顺利推行，并初见成效，很大原因在于校领导的集体示范。学校的教学改善需要学校管理者的示范引领。在全校"关注生命，关注生活，关注生长"的教学主张下的课堂改善启动会议上，我做了一个《退而结网，从改变我们的教学行为开始》的分享，并为老师们提供了教学设计的基本框架，同时要求各学科通过集体备课等形式讨论形成符合本学科，尤其是个人实际情况的教学设计。

我的观点是，一所学校的教学主张必须与学校的教育主张、办学主张、办学追求以及育人目标保持一致。"关注生命，关注生活，关注生长"的教学主张与当年二甲中学"做有灵魂的教育"的教育主张，"办有灵气的学校"的办学主张，"今天第二"的办学追求，"行于天地，止于至善"的育人目标是完全吻合的。

我也不否认当年二甲中学提出的"关注生命，关注生活，关注生长"的教学主张与我个人的"遇物则诲，相机而教"的教学主张的关联因素。"遇物则诲，相机而教"的教学主张强调教学的实践性，即通过与实际情境的接触和实践活动来进行教学；也关注学生的生活经验，主张教学应该与学生的生活联系紧密；同时也强调尊重学生的个性差异，认为教学应该根据学生的实际需求和差异进行个性化的教学。其宗旨是帮助学生实现个人潜能的发展，并促进他们的全面成长。

"关注生命，关注生活，关注生长"的教学主张，不仅仅改变了当时的二甲中学，也改变了二甲中学每一位教师特别是青年教师的教学观念和教学行为。当年"二甲中学'今天第二'

青年教师读书会"成员，如今在通州教坛大多属于有思想有影响力的教师了。可以这么说，一所学校的基本理念在一定程度上会影响学校教师的发展，一个人的教学主张同样会推动一个人的专业发展，许多成功教师的专业发展总是伴随着教学理念的不断改善而进阶的。

第九节　教学主张与教育主张、办学主张

　　教育主张、办学主张和教学主张是教育体系中相互关联的概念，它们共同构成了一个完整的结构。一方面，教育主张和办学主张为教学主张提供指导和支持；另一方面，教学主张的实践效果也会反馈到教育主张和办学主张的调整和完善中。通过这种相互作用，学校能够逐步优化其教育实践，更好地实现教育目标。教育主张可以被看作更加宏观的层次，它涵盖了整个教育过程的理念和价值观。一方面，教育主张为教育机构或学校提供了一个总体的指导框架，也直接影响着个人的办学主张、教学主张；另一方面，创校者或校长的教育理念，通常会影响学校的文化和氛围。学校的教学主张可以被看作在教育主张和办学主张的指导下，教师在教学过程中所持有的教育理念和教学原则，是教育主张和办学主张在实际教学中的具体表现。可以说，教育主张是对整个教育过程的宏观指导，办学主张是教育主张在具体学校层面上的应用，而教学主张是教育主张和办学主张在教学过程中的具体表现。

　　看到一个"办喜欢儿童的教育，做儿童喜欢的课程"的教学主张，直觉告诉我它不属于教学主张，而属于教育主张。为

什么会出现这样的"教学主张"？就如另一位教师的"教学即教育"的主张一样，暴露的是他们或者他们的指导老师对教育与教学这两个概念的不理解。在汉语语境中，"教育"与"教学"是两个既关联又不同的概念。在《教育学名词》中"教育"有广义与狭义之分："（1）广义指一切有目的地影响人的身心发展的社会实践活动。（2）狭义指学校教育，即教育者根据一定的社会要求和受教育者的身心发展规律，有目的、有计划、有组织地对受教育者的身心施加影响，期望受教育者发生预期变化的活动。"[①]"教学"指"教的人指导学的人进行学习的活动。主要指学校范围内教师的教和学生的学共同组成的统一活动。在这个活动中，学生掌握一定的知识和技能，同时身心获得一定的发展，形成一定的思想品德"[②]。

"教学"更偏重知识、技能的传授，关注的是如何有效地把知识、技能和思想传递给学生，其核心在于"教"和"学"的过程。教学通常涉及课程设计、教学方法、评估方式等具体细节，这个过程中自然会对学生的思想品德等产生一定的影响，当然不能等同于教育。"教育"是一个更为全面的概念，它不仅包括"教学"，更包括对个人品格、价值观念、人格形成等方面的培养，它关注人的全面发展，包括智力、情感、道德、身体等方面。其重点在引导学生形成正确的价值观念和人生观念，培养他们的道德品德和做人的基本素质。

简言之，教学是更加聚焦于学校环境（也许随着技术的发展，未来会越来越不局限于学校环境）中的活动，侧重于传授

---

① 教育学名词审定委员会.教育学名词［M］.北京：高等教育出版社，2013：1.
② 同①：28.

知识与技能，是教育的一个组成部分，不能等同于教育。教育侧重于人的全面发展，目标更宏观，内容更丰富，涵盖德智体美劳诸方面。教学则是实现这一目标的具体手段之一。这就是我认为"教学即教育"的教学主张窄化了教育的范畴的原因。

"做儿童喜欢的课程"，我以为也不属于教学主张，更多的属于课程建设的观念。应该属于"办喜欢儿童的教育"的范畴。学校在"办喜欢儿童的教育"进程中应充分考虑儿童的兴趣和需求，以提高儿童对课程的认同感和参与度，因此学校教育应深入研究儿童的生活经验和文化背景，以及他们的认知发展和情绪需求，设计和构建适合儿童的、能吸引他们参与的课程。

我们如果去读一读《课程与教学的基本原理》《课程理论——课程的基础、原理与问题》《核心素养：课程发展与设计新论》之类的书就会发现，在教育学的语境中，"课程"的定义有几十种，在各个理论体系，甚至在不同的教育文化背景中，都有各种各样的定义。有些定义强调课程的内容和结构，有些则关注课程的过程及其产生的社会影响。《教育学名词》中对"课程"是这么解释的："（1）广义上指学生学习的学科的总和及其进程和安排。（2）狭义上指学生所学习的某一门学科。"[1]"课程"是一个复杂且需要精确界定的概念。在讨论和研讨教学主张时，需要围绕课程的各个组成要素进行全面和深入的分析，并在特定的"课程"定义范畴内思考，以确保教学主张的明确性和执行的可行性。用"课程"作为中心词来谈教学主张具有明显的不确定性，至少是不严谨的。

---

[1] 教育学名词审定委员会.教育学名词［M］.北京：高等教育出版社，2013：20.

当然，我们也可以积极地理解"做儿童喜欢的课程"可能意味着采用更多的学生中心的教学方法，比如项目制学习、游戏化学习、探究式学习等，以及对课程内容进行调整，确保内容既符合教育标准，又能够引起学生的兴趣。

泰勒的《课程与教学的基本原理》将"课程"和"教学"并列，意味着泰勒认为课程与教学是互相依赖、互为影响的两个教育过程要素，这两者在教育实践中是不可分割的。从这个视角说"做儿童喜欢的课程"是一种教学主张，也不是不可以，因为教学过程中，教师需要灵活运用教学策略，以吸引儿童的注意力，激发他们的学习兴趣，提高他们的学习积极性。例如，教师可以将儿童喜欢的元素、游戏、故事等融入教学中，使教学过程更加生动有趣。

在泰勒的观念中，"课程"能提供教育过程的内容和标准，它是教育的主要供给源。课程是对知识、技能、态度、兴趣、行为等进行构造和组织，形成理论和实践层面的引领。课程应按照目标导向原则设计，反映社会和历史的发展尺度。课程的选择和组织需考虑学生的认知发展、学习兴趣、生活经验等。"教学"则是教育的实践过程，它是实现课程目标的关键手段。教学是对学生进行教育引导、知识交流、能力训练和价值灌输的过程，涉及教师的教学设计、教学策略、评价方式等，需要考虑学生的学习差异、学习条件等。

因此，将课程和教学并列，是将教育的目标（即通过课程实现的教育价值）和过程（即教学活动的开展）视为同等重要，二者需密切结合，形成教育活动的完整性和连贯性。

前面谈到，教学主张通常集中在课堂教学和学生学习的具体实践上，旨在提升教学效果，促进学生的学习和发展，体现在课堂设计、教学方法选择、评估策略等方面。教学主张直接影响教师的教学方法、课堂管理和与学生的互动方式。所以，"做儿童喜欢的课程"作为教学主张是值得商榷的。

教育主张

教育主张是关于教育的整体目标、价值和过程的信念与看法，通常包括对教育的社会功能、教育者的角色和学习的本质的观点。涵盖教育的整体方面，包括政策制定、课程建设与实施、学校管理等；关注的是教育系统的整体发展和改进，旨在通过教育促进社会、文化和个人的进步；影响的是学校或教育机构的文化样态、政策制度、组织结构、课程结构与标准、评价反馈等系统结构。教育主张形成了教学主张的背景和基础，是宏观层面的，与整个教育体系和社会背景相关。譬如，厦门大学附属中学原校长姚跃林的"教育无非服务"就属于他的教育主张。教学主张是微观层面的，与教师和学生的直接互动相关。教学主张在实践中可能反馈和塑造教育主张。因此，在表述一个主张时，至少要考虑它在教育系统中究竟处在怎样的层面。

办学主张

办学主张则是指学校或教育机构所持有的办学理念和价值观。它包括学校的办学目标、办学方式、学科设置、教师培养和管理等方面的看法和观点。办学主张是学校的核心理念和方向，用以指导学校的发展和运营，确保学校的办学效果和学生的发展。就校长而言，其教学主张必然影响他的办学主张。尽管姚跃林校长在任职期间并没有提出什么明确的办学主张，但他任职期间的厦门大学附属中学从开办至今始终是围绕着为师生服务、为家长服务、为社会服务而运转的。也可以这么理解，姚校长的"教育无非服务"的教育主张也是在其教育生涯中慢慢形成的坚定的信念，这信念自然也与他的校长经历同步共生，"教育无非服务"在他身上就是他的办学主张。

　　2023 年是江苏省南通市通州区金沙中学办学 100 周年，在筹备庆祝金沙中学办学 100 周年活动的时候，薛军校长就一直在审视金沙中学创办者孙儆先生的办学主张是什么。作为曾经在金沙中学任职的我觉得这是金沙中学校长不得不面对的历史。搞清楚了这一历史，才可以进一步思考金沙中学在接下来的 100 年里的高质量发展如何在传承中创新的思路。孙儆先生在《孙氏私立小学记》中如是说："人生不过数十寒暑，其奄忽殁世者比比矣。窃谓宇内本有无穷事业，吾侪既稍具知识，欲无负一己，须思所以福己者福人。"孙先生认为，人生只有短短的几十年，转眼间就会逝去。他认为世界上有无数的"事业"，既然我们有了一些知识，为了不辜负自己，我们应该思考如何造福自己并造福他人。"遗子黄金满筐，不如兴学一方。"他觉得，"吾乡里子弟，皆吾子弟。子弟有不识字知文者，父兄之责有所未尽"，"故学校不可不立"。"余力不能及国及省，余唯知吾乡里也"，故而有"余老矣，敢以一己之精神，为乡里倡"，"他日校中有伟大人物为地方造福，余虽不及见，其魂魄忻慰无穷"。（出自国图版《新安迁通孙氏家乘》）由此，我们可以推断，孙先生办学初衷就是"福己福人"，造福桑梓。

　　可以这么说，孙先生"福己福人"的办学初衷源自传统儒家思想，孔子强调修身齐家治国平天下，其中的"修身"就是通过教育来培养个人的品德与修养，以实现个人的幸福与完善。《论语》中就有："己欲立而立人，己欲达而达人"，强调个人的幸福与他人的幸福密不可分。通过培养个人的品德、知识和社会责任感，使人能够在追求个人幸福的同时，也为他人和社会带来幸福与福祉。教育的根本目的是培养道德品质和实践智慧，使人能够达到自身的圆满与幸福。亚里士多德认为，幸福是终极和自足的，它是行为的目的。当代教育学者诺丁斯也认为教育是为了幸福的事业。诺丁斯认为："幸福应该是教育的目的，而一种好的教育就应该极大地促进个人和集体的幸福。""我们道德教育的基本取向应该是：承诺为孩子们建构一个既可能又必要向善的世界——一个让孩子过得幸福的世界。""教育，就其本性来看，应该帮助人去充分发展他们的自我——把他们培养成为具有令人羡慕的才能、有用和满意的职业、自我理解能力、健全品格、一系列鉴赏能力和对不断学习充满热诚的人。"[①]

也可以这么说，"福己福人"就是孙傲先生的办学主张，是以他朴素的认知对教育的目的就是使人幸福这一宗旨的诠释。这也是我至今为止见到的对教育的功能认知最到位、最为直接而通俗的办学主张的表述。

我以为从历史传承与发扬光大的立场思考金沙中学未来100年发展方向的话，"福己福人，造福桑梓"依然应该是金沙中学的办学主张，也应该成为现任及后任校长们的办学主张。至于其内涵，自然需要与时俱进，不断丰富。

---

① 内尔·诺丁斯.幸福与教育［M］.龙宝新，译.北京：教育科学出版社，2009：1，2，14.

我想说的是，教育主张是办学主张和教学主张的出发点和根基，涉及对人的认识、教育的价值和目的等更为宏观的理解。办学主张为框架，为实现教育目标提供了必要的条件和手段，包含了学校的结构、资源分配、政策导向等。教学主张为实践，是教育主张和办学主张在教学活动中的具体体现，是直接作用于学生学习过程的教育实践。

当年我在二甲中学时的教育主张是：做有灵魂的教育；办学主张是：办有灵气的学校；办学追求是："今天第二"；育人目标是：行于天地，止于至善。这一体系强调了教育的全人发展信念，既关照学生的智力成长，也注重其道德、情感和社会能力的培养。这样学校不仅仅要为社会输送有知识技能的人才，更重视培养全面发展的个人身份，为师生未来的美好人生奠基。

"做有灵魂的教育"，强调教育应该具有内在的生命力和深远的价值意义。"有灵魂"意味着教育不仅仅传递知识，更注重学生品德的塑造、情感的培养以及个性的发展。这种教育追求学生全面而深入的发展，提倡教育的人文关怀，强调培养有自我思考能力、有社会责任感和有创造力的个体。

"办有灵气的学校"，意味着一种充满活力、创新和适应性的教育环境。学校不仅提供学术知识的学习，还激发学生的好奇心和探索欲，培养他们面对未知领域的勇气和能力。这样的学校鼓励师生共同创造知识，推动教育的边界，并且能够不断适应教育需求和社会变迁。我在二甲中学那些年积极倡导行为文化，强调学校的氛围和文化，注重营造积极向上的学习环境和人文关怀。倡导教师行为改变，观念改变，以教师行为影响学生行为，鼓励学生积极思考，踊跃参与，主动学习，独立思考。"行为文化建设"无疑推动了那几年二甲中学的发展。

"今天第二"，表明学校不满足现状，总是追求进步和完善。"今天第二"暗示了一种持续改进的动力，鼓励师生不断超越自我，每天都比前一天更进一步。在这种文化中，每个人都被鼓励追求卓越，但同时也意识到每个人有每个人的进步空间，保持着谦虚和学习的态度。

　　"行于天地，止于至善"，旨在培养学生成为能在社会上有所作为（"行于天地"）的人，同时追求道德和精神上的高尚（"止于至善"）。这意味着教育不仅关注学生在职业上的成功，更关注他们成为有道德和有智慧的人。"至善"涵盖了个人品德、社会责任、精神追求等多方面的完善。在这一目标下的教师更需要加强学习，研究教学，追求极致。

　　"做有灵魂的教育"与办学主张是相辅相成的。做有灵魂的教育强调培养学生的内在成长和品德发展，而办学主张是指学校的整体理念和追求。办学主张的目标是为了实现做有灵魂的教育，通过创造有灵气的学校环境和文化，为学生的灵魂成长提供支持和引导。

　　"办有灵气的学校"，强调学校的氛围和文化，注重学生的全面发展和创造力的培养。而办学追求则是指学校的目标和追求，追求卓越和不断进步。办有灵气的学校是实现办学追求的具体表现，通过营造积极向上的学习环境和人文关怀，推动学校的发展和进步。

　　办学追求与育人目标相互交织。办学追求强调学校的目标和追求，追求卓越和进步；而育人目标是指教育的目标和期望，培养学生成为有担当和社会责任感的人。办学追求的实现离不开对学生的育人目标的关注和引导，育人目标的实现也需要学校的办学追求为支撑和指导。

做有灵魂的教育和办有灵气的学校是实现教育目标的手段和条件，而办学追求和育人目标则是教育的目标和方向。它们共同构成一个完整的教育体系，旨在帮助学生全面成长、追求卓越，为将来更好地实现社会价值奠定基础。

　　简言之，这三个概念之间存在一种属种关系，三者构成了从宏观到微观的逐渐细化和具体化的完整结构。

　　江苏省海安市实验小学周振宇校长如是说："就我个人而言，我的教学主张是在学校教育主张和办学主张的召唤与启发之下生长出来的，当然，也为学校的教育主张在实践中落地提供了路径与策略。"如果要进一步理解教学主张、教育主张和办学主张之间的关系，各位可以参读本书附录的周振宇校长的文字。

第十节 教育哲学、教学哲学与教学主张

2024 年 1 月，我跟江苏省启东实验小学陈金飞校长谈起教学主张时，他说他们目前用的是"智性学习"，他的阐释是：

> "智性"是"智性学习"的魂。所谓智，是指儿童的智力、智能、智慧。所谓"智性"，即人们有意识地运用自身的智慧，客观、科学地认识事物，解决问题的一种特性，是智慧与人性本真的合一状态，是思想感悟和经验积累的交融境界。它是指向起点的、智慧的、美感的、思辨的、整体的关联性"机略"范式。形成解决问题的"机略"是智性学习的必然结果。"机略"包括知识结构、认知地图和心智模式，它们不是与生俱来的，必须靠学习得来，由脑海中产生，或者从行动和学习中吸收。
>
> 智性学习是指在充分尊重儿童的基础上，立足于数学知识的内在关联和学生实际，以现行教材所划分的单元为基础，在对教材内容、教学资源等整体把握的基础上，将所要教学的某一主题内容，有逻辑、有顺序地重新优化与组合，形成相互关联又相对独立的知识结构化模块。其要

点不在于记忆大量的法则，而在于建立问题解决的知识结构，当需要时，各式各样的行动计划将及时生成，并能从中筛选出解决问题的最佳方案，促进儿童数学素养得到尽可能的提升。

智性学习契合新课标的要求，智性既是一种教学的理论依据，是由理查德·斯根普（Richard Skemp）运用心理学原理发展出的强调理解的学习理论；又是一种教学的境界，强调知识与能力的融合、方法与情感的联合、焕发主体精神的互动；也是一种价值的追求，强调儿童的整体发展，培育理性精神，提升关键能力。

我看到这个表述便同他说，可以将其上升到哲学层面。哲学领域，智性通常指的是人类理解、理性思考和认识世界的能力。它涵盖了逻辑推理、抽象思考、问题解决、创新思维等多种认知过程。康德认为，智性的最高形式是纯粹理性的运用，即通过理性思考和推理来获得普遍而必然的知识。在数学学习中，学生也需要运用纯粹理性来理解和应用数学概念、原理和定理。数学的智性学习强调学生通过逻辑推理和证明来建立数学知识体系，并运用数学方法解决问题。康德的智性观点作为数学的智性学习的哲学基础，要求数学的智性学习强调学生的理性思维、概念和判断能力、自律以及认识智性的局限性。

尼采的智性概念强调智性的生命性、主观性和创造性。在数学的智性学习中，生命性和主观性的概念可能没有直接地应用。数学的学习更侧重于理解和应用抽象概念、推理和解决问题。尼采的智性概念更关注个体的生命意义和主观体验，而数学的智性学习更注重学科知识和认知能力的培养。

尼采的创造性智性概念可以与数学的智性学习联系起来。数学的创造性智性学习强调学生通过创新思维和创造性的解决方法来解决问题。这与尼采关于智性的创造性和创新力的观点相契合。数学学习中，学生可以通过发展独特的解决方案、提出新的问题和探索数学的不同角度来展现创造性智性。

将尼采的创造性智性观点应用于数学学习中，可以激发学生的创造力和创新思维，促进他们对数学的深入理解和应用。

陈金飞校长说，上升到哲学层面很好。

于是我们商量将"智性学习"改为"智性数学教学"。我同他说，"智性数学教学"可以在教学主张和教学方法两个层面上进行表述。背后的支撑不仅有心理学，也有教育哲学，还能体现你个人的教学哲学。"智性数学教学"的背后有一定的教育哲学思想作支撑，包括以人为本、主动学习、终身学习等。"智性数学教学"以学生为中心，强调学生的主体地位，尊重学生的个体差异和学习需求，致力于为每个学生提供适合他们发展的机会，鼓励他们积极参与学习过程，通过主动探索和实践获得知识和技能。"智性数学教学"培养学生终身学习的意识和能力，让他们能够在未来的生活中不断学习、不断进步。作为教学主张，"智性数学教学"强调教师应该致力于开发和提升学生的智性能力，如独立思考、逻辑推理、问题解决和创新思维等，而不仅仅是传授数学知识。

作为教学方法，"智性数学教学"提供了实施这一主张的一些具体策略。例如，设计一些需要逻辑推理和问题解决的活动，引导学生深度思考，鼓励他们进行创新和探索，以及提供自主学习的机会。例如，鼓励学生尝试不同的解题方法，挑战传统的思维模式。

在这个基础上，陈金飞校长给"智性数学教学"的教学主张做了这样的诠释：

> 智性数学教学，是指在充分尊重儿童的基础上，立足于数学知识的内在关联和学生实际，以现行教材为基础，在对教材内容、教学资源等整体把握的基础上，将所要教学的某一主题内容，有逻辑、有顺序地整体优化与组合，形成相互关联又相对独立的知识结构化模块。其要点不在于记忆大量的法则，而在于建立问题解决的知识结构，在实际的教学场景中，从学生学习实际出发即时生成教学策略，从相应的模块中筛选出解决问题的最佳方案，促进儿童数学素养得到尽可能的提升。

教育哲学是对教育的根本理念和信仰的探讨，它是理论性质的，涉及教育的目的、价值、方法和意义。它问的问题像是：教育是什么？教育的目标应该是什么？什么是学习？通过教育我们应该培养什么样的人？教育的终极目的是什么？它与社会理念、文化价值、历史背景和政治经济情况紧密相关。教育哲学提供对教育目的的广泛理解，如培养道德个体、发展批判性思维、促进社会正义等。对教育内容的价值和重要性提供指导，例如强调基础学科或全人教育。提出评估学生学习成果的不同观点，从标准化测试到综合评价等。讨论学生在学习过程中的角色，是被动接受者还是主动参与者。定义教师的理想角色，从知识的传递者到学习的促进者。教师根据个人信仰实施教育，可能作为权威的讲授者或作为支持者和指导者。

一位教师要提炼和陈述自己的教学主张，如果不读点教育哲学，可能会遇到这样一些困难。

对教育本质、目的和价值的理解不够深刻。教育哲学是对教育本质、目的和价值的反思。教师如果不读点教育哲学，可能对教育本质、目的和价值缺乏深刻理解；可能会导致教师在建构自己的教学主张时遇到困难，因为他们不知道自己为什么要教，也不知道自己应该教什么。

对不同教学方法和策略的优缺点缺乏深层次的了解。教育哲学中包含了丰富的教学方法和策略。教师如果不读点教育哲学，可能无法对不同教学方法和策略的优缺点做出判断；可能会导致在选择教学方法和策略时遇到困难，因为不知道哪种教学方法或策略最适合自己的学生和教学目标。

无法批判性地反思自己的教学实践。教育哲学可以帮助教师批判性地反思自己的教学实践。如果不读点教育哲学，可能无法批判性地反思自己的教学实践。

当然，教师不必成为教育哲学专家才能提炼和陈述自己的教学主张，但了解一些基本的教育哲学概念和理论还是很有必要的。

下面介绍几个主要的教育哲学主张，感兴趣的读者可以按图索骥，找几本书来读读。

本质主义：本质主义（又译本质论），是卡尔·波普尔在1935年提出的术语。卡尔·波普尔著有《历史决定论的贫困》《开放社会及其敌人》《科学发现的逻辑》《猜想与反驳——科学知识的增长》等。本质主义认为，教育的目的是帮助学生掌握永恒不变的知识和技能。本质主义者认为，教育应该以学科为中心，强调基本技能的掌握，如阅读、写作和数学。他们认为，教育应该培养学生的智力，而不是仅仅关注学生的情感和社会发展。

实用主义：实用主义教育学是 19 世纪末 20 世纪初在美国兴起的一股教育思潮，对 20 世纪整个世界的教育理论研究和教育实践发展产生了极大的影响。其代表人物有美国哲学家、教育学家杜威和克伯屈等人。代表著作有杜威的《民主主义与教育》《经验与教育》，克伯屈的《设计教学法》等，读一读《设计教学法》或许对今天如何理解大单元教学的一些观点会有些帮助。实用主义认为，教育的目的是帮助学生适应不断变化的世界，教育应该以经验为中心，强调解决问题的能力。他们认为，教育应该培养学生批判性思维的能力，而不是仅仅灌输知识。杜威认为，教育的目的是培养学生成为积极参与社会和民主公民的人。他主张教育应该紧密联系学生的实际经验和现实生活，强调以学生的兴趣和需求为中心，让学生通过实际经验来学习和解决问题。杜威提出了"儿童中心（学生中心）""活动中心""经验中心"的"新三中心论"教育理念，对现代教育产生了深远的影响，成为现代教育改革的重要理论之一。杜威提出了"从做中学"的原则，杜威认为，"从做中学"也就是"从活动中学"、从经验中学，使得学校里知识的获得与生活过程中的活动联系了起来。但杜威认为，"从做中学"不仅仅是"从活动中学"、从经验中学，还包括从反省中学。杜威认为，经验是学习的基础，但经验本身并不是学习，只有当经验被反省时，它才能成为学习。

进步主义：进步主义教育是 20 世纪上半期盛行于美国的一种教育哲学思潮，对当时的美国学校教育产生了相当大的影响。起源自反对传统教育的形式主义。帕克被誉为"进步教育之父"，他的昆西学校实验标志着进步教育运动的开端。帕克在

1875—1880 年任马萨诸塞州昆西市教育局长期间，主持了昆西学校实验，并以"昆西制度"闻名全美。进步主义认为，教育的目的是促进学生的全面发展。进步主义者认为，教育应该以学生为中心，强调学生的兴趣和需要。他们认为，教育应该培养学生的创造力、合作能力和社会责任感。进步主义的另一位重要代表人物是杜威。

建构主义：建构主义又称建构理论，认为知识不是被动地接受，而是主动地建构。建构派认为，学习者在学习过程中，通过与环境的互动，不断地建构自己的知识和意义。建构主义哲学认为，学习者在学习过程中，经历了类似于皮亚杰所描述的认知发展阶段。学习者通过与环境的互动，不断地建构自己的知识和意义。这种建构过程是一个主动的过程，学习者需要积极地参与其中。建构主义哲学强调学习者在学习过程中发挥主动作用，学习者是知识的建构者，而不是知识的接受者。

建构主义教育认为，学习者应该积极地参与学习过程，教师应该为学习者提供一个支持性的环境，帮助学习者建构自己的知识和意义。建构主义教育强调学习者之间的合作与交流，认为学习者可以通过与他人的合作和交流来更好地建构自己的知识和意义。

要素主义：要素主义教育又称传统主义教育、保守主义教育。前期的代表人物是美国教育家巴格莱，代表作品是《教育与新人》。要素主义教育思潮后期的代表人物是美国教育家科南特。要素主义把人类文化的"共同要素"作为学校教育的核心。要素主义认为教育的最重要的功能是，使学生学习在人类文化遗产中所留下的那些永恒不变的、共同的、超越时间和空间的要素。教学过程必须是一种训练智慧的过程。真正的教育就是智慧的训练，因此，学校要提高智力标准，注重思维能力的严格训练。学校还要注意"天才"的发掘和培养，发现最有能力的学生，最大程度地激发他们的潜力。

人本主义：人本主义是一种教育理论和哲学，强调个体的尊重、自由发展和全面成长。代表人物有卡尔·罗杰斯，他提出了人本主义教育的核心理念，主张教育应该关注学生的个体需求和情感发展，倡导建立师生之间的平等和信任关系，提供支持和接纳的教育环境。另一位是老师们比较熟悉的马斯洛，他提出了人本主义心理学的著名理论——需求层次理论。他认为人的需求从生理需求到自我实现需求逐渐提升，人本主义教育应该关注学生的自我实现和个体发展。还有一位是爱德华·德米，他在自我决定理论方面做出了重要贡献。他认为人本主义教育应该注重学生的自主性和内在动机，提供支持和激励，使学生能够自主地追求个人兴趣和目标。另一位有影响的代表人物是罗伯特·迪金森，他主张教育应该培养学生的创造力、批判性思维和人际关系能力，注重学生的整体发展和个体差异。

后现代主义：后现代主义代表人物有索绪尔、德里达、拉康、福柯、本雅明等。后现代主义认为，教育的目的是帮助学生理解和批判各种知识体系。后现代主义者认为，教育应该以多元化为中心，强调批判性思维和反思能力。他们认为，教育应该培养学生质疑和挑战权威的能力，而不是仅仅接受知识。

现象学：主要代表人物有埃德蒙德·胡塞尔、马丁·海德格尔、莫里斯·梅隆－庞蒂等。现象学家探索的重点是意识现象、教育中感知的重要性和具体的个体经验中"意义"的发展。教育现象学是主要研究教育现象及其本质、特征、规律和意义的学科。它关注教育中的各种现象、行为和经验，并试图理解它们背后的原因和影响。试图理解学生在教育过程中的经验，包括他们的学习体验、成长经历和个人意义。关注教师的教学方法、学生的学习策略、课堂互动和教育环境对学习的影响等。教育现象学代表人物为爱恩斯迪·克里克，当代在我国影响比较大的是马克斯·范梅南，其代表作有《教学机智——教育智慧的意蕴》《生活体验研究——人文科学视野中的教育学》《儿童的秘密——秘密、隐私和自我的重新认识》《教育的情调》《实践现象学：现象学研究与写作中意义给予的方法》等。我认为当我们讨论情境教育的问题时，教育现象学应该是不可不读的。

此外还有存在主义、批判理论等。每种教育哲学主张都有其独特的观点和方法，对具备以上教育哲学知识的教师而言，总是会有意无意地整合相关的教育哲学主张，形成自己的教育哲学、教学哲学，思考自己的教学主张。

我想说的是，这些教育哲学主张与个人的教学哲学建构息息相关。教师的教学哲学是其对教学的指导性理念和信念，影响着教师在教学过程中的决策和行为。教师的教学哲学通常与教师的教育哲学相关，但教育哲学是教师对教育本质的总体看法，而教学哲学是教师对教学过程的具体看法。

教师在建构自己的教学哲学时，可能会从以下几个方面考虑。

（1）对学生的看法：我们如何看待学生？学生是主动学习者还是被动学习者？学生应该在学习过程中发挥什么样的作用？

（2）对教师的角色的看法：我们的角色是什么？是知识的传递者还是学习的促进者？我们应该在教学过程中发挥什么样

的作用？

（3）对教学内容的看法：我们认为教学内容应该是什么？教学内容应该以学科为中心还是以学生为中心？教学内容应该包括哪些方面？

（4）对教学方法的看法：我们认为教学方法应该是什么？教学方法应该以讲授为主还是以讨论为主？教学方法应该以个别学习为主还是以小组学习为主？

（5）对评估的看法：我们认为评估应该是什么？评估应该以标准化测试为主还是以综合评价为主？评估应该关注学生的哪些方面？

我们在回答以上问题时就已经开始建构自己的教学哲学了。一位教师的教学哲学原则上应该与自己的教育哲学保持一致，持本质主义教育哲学的教师可能会有以学科为中心、强调基本技能掌握的教学哲学；持实用主义哲学的教师可能会有以经验为中心、强调解决问题能力的教学哲学；持重建主义哲学的教师可能会采用以社会问题为中心、强调批判性思维和社会行动的教学哲学；持人本主义哲学的教师可能会有以学生为中心、强调学生个性和自我实现的教学哲学；持后现代主义哲学的教师可能会有以多元化为中心、强调批判性思维和反思能力的教学哲学；而持现象学主张的教师则可能会更多地关注教学环境对学习和发展的影响，主张创造积极支持的教学环境，建立和谐的师生关系，提供学生发展所需的支持和激励。

譬如"言语滋养生命，美文润泽心灵"这一语文教学主张背后就可能整合了建构主义理论、实用主义理论、要素主义理论、人本主义理论以及现象学的观点。

建构主义认为学习是学生根据自己已有的知识经验构建新

知识的过程。在语文教学中，"言语滋养生命"强调学生通过语言的使用与实践，建构对世界的理解。"美文润泽心灵"则鼓励学生通过接触和鉴赏文学作品，构建审美和情感的理解，这种积极的学习过程符合建构主义的教学理念。

实用主义教育哲学强调教育应该与学生的实际生活紧密相关，重视学生的问题解决能力和适应社会的能力。在语文教育中，"言语滋养生命"反映了语言作为沟通工具的实用价值，通过实际语言使用来解决问题和表达思想。而"美文润泽心灵"则提倡通过文学作品来理解人生、情感和道德等问题，这也是实用主义所提倡的教育应对现实生活有直接的帮助和应用。

要素主义强调传授基础的学科知识和技能，以确保学生掌握文化传统和基础教育内容。"言语滋养生命"体现了要素主义对语言基础知识和技能的重视，而"美文润泽心灵"则符合要素主义对文学和文化的重视，通过学习经典文学作品，学生能够接触并吸收文化精髓。

人本主义教育理论强调个人自我实现和发展个性的重要性，重视学生的情感和创造力。"美文润泽心灵"与人本主义的教育目标相契合，因为它鼓励学生通过文学的审美体验，发展个人的情感和创造力。同时，"言语滋养生命"也符合人本主义教育的理念，因为它提倡通过语言的使用帮助学生表达自我，实现内在潜能的挖掘。

现象学关注个体的主观体验和意识。在语文教育中，现象学可以促进学生深入理解和体验文学作品中的意象和情感，从而获得更为深刻的认识。"美文润泽心灵"就提倡学生通过阅读和欣赏文学作品，获得深层的、主观的审美体验；而"言语滋养生命"则鼓励学生通过语言来表达和共享自己的生活体验，这也是一种现象学的实践。

可以说"智性数学教学"的主张同样吸收了不同教育哲学的优点。

教师的教学哲学并不一定完全属于某一种教育哲学主张，可以从不同的教育哲学主张中汲取灵感，建构出自己独特的教学哲学。这种独特的教学哲学会对教师的教学主张产生重大影响。上面谈到的陈金飞校长的"智性数学教学"主张，背后涉及的教育哲学就有本质主义、人本主义、实用主义、教育现象学等哲学主张。具体来说，"智性数学教学"的主张强调对数学知识的掌握，与本质主义的教育目的相一致。"智性数学教学"的主张以学生为中心，关注学生的兴趣和需要，这与人本主义的教育目的相一致。"智性数学教学"的主张强调解决问题的能力，这与实用主义的教育目的相一致。"智性数学教学"的主张关注学生的学习经验，这与教育现象学的教育目的相一致。

我在这里想强调的是教育哲学、教学哲学是一个人提炼教学主张的基础。

不读点教育哲学，就不可能有自己的教学哲学，教学主张也就无从谈起。没有教育哲学和教学哲学基础的教学主张可能是基于个人经验、直觉或其他非理论性的依据。市面上的教学主张大致如此。这些主张无非凸显了个人偏好、流行的教育观念或表面上的效果等因素的影响。这样的教学主张往往很难看到其背后的教学理解。

当然，没有教育哲学和教学哲学基础的教学主张并不意味着完全没有价值。实践经验和直觉也可以为教学提供一些有益的指导，尤其是对那个提出来的人而言，至少有了个标签，有了个符号，说不定因此也可以火起来。

但我还是认为，无论你要提炼什么教育方面的主张，总要翻几本类似《什么是教育》《教育的目的》或者《现代西方教育哲学》《教育论》《自由教育的哲学》的书。

可以这么说，了解和研究教育哲学和教学哲学是一位专业教师发展的重要组成部分。

本章小结

　　细想想，作为一位教师，无论你"有名"与"无名"，你的教学主张都在那里。对此，我曾经有过这样的表述："作为教师，无论你有意还是无意，在实际的教学行为与教学言论中总是有个人的认知与理解的，随着教学经历的增长，随着阅历的丰富，慢慢地就可能由无意而有意，由不自觉到自觉地去思考和厘清自己对学科教学、学科教育目标、性质与任务的认识。也可能会审视自己对所教学科的教学主张到底是什么，教学主张与教育的价值之间究竟是怎样的一种关系等问题。只不过许多时候也就停留在某个层面而懒得深入地探讨与建设而已。"当然，从现行行业层面来看，作为一定范围内的"名师"如果没有个叫得响的"教学主张"，似乎与"名"不符。梳理一下不无道理。问题是这表述应该是个性化的见解与认识，更应该是体现教学常识与规律的见解与认识。因而教学主张的表述是要推敲的，不仅要清晰明了，还要简洁深刻。所以，如果想成文，我的建议是不要急，先读点教学论、课程论等方面的书，最好还要读一两本教育哲学方面的著作。哲学就是提醒人们思考是什么，不是什么，从哪里来，到哪里去的。"我"的教学主张，就是"我"认为教学是怎么一回事，应该怎么教（我更主张可以怎么教），"我"将通过"我"的教，将学生乃至自己带到哪里去。这当中有个"道"与"术"的区别的问题。教学主张的表述，千万别将"道"与"术"混为一谈，免得将来自己也觉得荒唐。回想一下自己一贯以来教学行为背后的东西究竟是什么。不要急，一急，弄出来的东西是会出问题的。

如果说教学主张就是自己对教学的见解，这主张虽然要关注学科特质，但更要关注教学。我历来的观点是，教师就学科教学、看学科教学是走不远的，因为教学活动是主要的教育活动。我认为，教学主张的背后是教育主张。作为一定层面的"名师"如果只是在学科的视角看教学，自然更多的关注就只在"术"的层面，于是将"主张"与"方法""策略""流程""模式""个性""风格"混为一谈也就不奇怪了。

教学主张是教师教学哲学和方法的体现，反映了教师对于教育的看法、对学生的理解、对学科知识的掌握以及对教学方法的偏好。一个理想的教学主张应当是独特的、个性化的，同时也是经过深思熟虑和实践检验的。专家的意见是宝贵的资源，可以提供新的视角和深入的见解。我们对专家的意见必须保持开放性心态，在参考专家意见的同时，不断反思自己的教学理解和教学行为，进一步完善自己的教学认知，不断修正教学主张，使其符合教学规律，又具有个人特色。

教育哲学提供了一套观念框架，帮助教师理解教育的本质、目的、过程和实践。了解一些教育哲学主张对一位教师提炼和陈述自己的教学主张是非常有益的。教育哲学帮助教师思考教育的最终目的是什么，研读不同哲学家的观点，可以发展出自己对于什么是好的教学、如何有效教学的个人看法。教育哲学为教师提供了不同的教学方法和策略，如建构主义、传统主义或进步主义等，教师可以根据这些理论选择最适合自己和学生的教学方法。教育哲学鼓励教师持续地反思自己的教学实践，评估教学策略的有效性，以及考虑如何改进教学。教育哲学中的伦理观点可以帮助教师在面对诸如评分公平性、学生隐私、多元文化包容等问题时做出更加明智的决策。

　　教学主张是一个人的教育哲学、教学哲学、教学追求、教学理解下的对课堂教学的见解和认识，这当中的关键是对教师与学生之间、教与学之间的关系的认识，以及在这认识影响下的对教育、课程、教材和教学的理解，这理解自然会影响自己的教学行为。可以肯定地说，教学主张是统摄（教学）"方法""策略""流程""模式""个性""风格"的。也可以这么说，有什么样的教学主张，就可能有什么样的（教学）"方法""策略""流程""模式""个性""风格"。而"方法""策略""流程""模式""个性""风格"反过来也会推动教师审视和完善，甚至调整自己的教学主张。即便他没有明确的教学主张的表述，也是如此。上述概念之间的关系如下图所示：

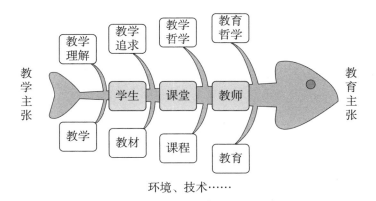

鉴于不少校长还要提炼教育主张与办学主张，本章第九节专门讨论了教学主张与教育主张、办学主张的关系。教育主张与办学主张是实现教育目标的手段和条件，而办学追求和育人目标则是教育的目标和方向。它们共同构成一个完整的教育体系。教育主张、办学主张必然影响学校的教学主张，自然也会影响个体的教学主张。校长作为学校的灵魂人物，他的观念和行为必然会影响一所学校的观念和行为，所以校长的教育主张、办学主张的提炼更要慎重。

第二章

教学主张的提炼与表述

本章导读

　　教师的教学主张犹如人的成长，自然而然地孕育成熟，在持续的教学和反思过程中逐渐形成，不是一蹴而就的，而是随着教师的个人成长和经验积累逐步塑造出来的。每位教师的个人经历、知识结构和价值取向都会深刻影响他的教学风格和认知，这些因素共同塑造了教师的教学主张。

　　在教学过程中，教师会面临各种挑战，这些挑战促使他们不断地审视和优化自己的教学方法和策略。随着时间的推移，教师的思考逐渐凝聚，形成了更为明确和系统的见解，并通过不断的尝试和应用得以验证和完善。通过实践经验的积累和深入的反思，教师的教学主张逐渐成形并稳固，最终演化为指导教学行为的信条。

　　教学主张并非孤立存在，它受到多方面因素的影响，包括个人背景、知识结构、价值观、学生需求和学校文化等。其中，个人经历对理念的形成尤为关键。随着教师在不同阶段积累的经验，其教学主张也会相应地受到影响和改变。因此，教师的教学主张是一个动态发展的过程，随着对教学深入理解的增进，这些主张会得到不断的调整和丰富。

教学主张是教师关于如何教授和学生如何学习的信念系统，它影响着教师的每一个教学决策。这个信念系统，包含科目知识和行动系统知识。科目知识不仅包括基础的事实和概念，还包括学科的结构，即这些事实和概念是如何相互关联的，以及学科的本质，即学科的基本方法和思维方式。拥有扎实的科目知识，教师能够确保课程内容的准确性和丰富性，为学生提供深度和广度的学习。行动系统知识是指教师将科目内容传递给学生的教学技能和策略，涉及教学方法的选择与应用，并且要求教师能够根据学生的已有知识、兴趣、学习习惯、学习起点来设定教学目标，选择教学内容与方法，调整教学策略。

一位教师可能对某个学科有着丰富的知识，但如果他不懂得如何有效地将这些知识教授给学生，那么学生可能无法达到预期的学习成果。同样，一位掌握了优秀教学技巧的教师，如果缺乏足够的科目知识，也可能无法提供高质量的教学内容。一位优秀的教师，不仅需要掌握科目知识，还需要具备行动系统知识，并在实践中不断提升这两方面的知识和技能，深化自己的教学理解，形成自己的教学主张。受张肇丰先生的《从实践到文本：中小学教师科研写作方法导论》书名的启发，我觉得教学主张的提炼与表达是一个"从文本到实践，从实践到文本"的反复迭代的过程。通俗地说，就是从理论到实践，从实践到理论。

一个明确的教学主张能够指引教师在课堂上做出更为有效的教学选择，帮助学生更好地学习和发展。它是教师教育哲学的具体体现，也是教师个人标识的一部分，反映了教师的价值观、教育信念以及对学生和学习的看法。构建教学主张是一个动态且反思性的过程。这一过程通常始于教师对自己的教育哲学的深入思考，包括对教育的总体目标、对学生的期望、对知识的理解，以及对教学过程的看法等核心问题的内省。个人的教学经历和背景在形成教学主张中起着关键作用。通过对自己在教学过程中的体验、成功和失败的不断反思，教师能够逐渐清晰地认识到自己的教学信念和价值观。随着时间的推移，教师通过不断的教学实践，积累了宝贵的经验。这些经验不但提供了关于有效教学的见解，也帮助教师调整和精练了自己的教学主张。

为了更深层次地理解和发展自己的教学主张，教师需要不断学习和吸收教育领域内的研究成果和理论知识，包括听取同行尤其是业内专家的意见。通过教育研究和理论及与他人的对话，将自己的实践经验与更广泛的教育教学理论及他人的积极建议关联起来，审视自己的教学理解。对具体的教师而言，需要小心的是"如果一个教师自己创造了一个并不能给学生学习带来好处的教学方法，那么这很可能是他隔离状态下工作的结果"[①]。

一个人的教学主张的提炼很少是单一视角的，更多的是综合视角。前面我已经反复强调了教学主张的形成是一个动态的过程，涉及个人的反思、实践经验的累积，以及对不同教育研究和理论的兼收并蓄。教学主张的提炼与表述不仅是教育实践中的重要过程，更是教师专业发展的核心组成部分。教学主张的提炼，需要考虑到不同学科的特点、学生的多样性，以及社会文化的影响。在这个过程中，教师会将个人的教学理念与外

---

① 荷烈治，等.教学策略——有效教学指南［M］.牛志奎，译.北京：中国人民大学出版社，2011：7.

部因素相结合，形成独特而全面的教学主张。深刻理解并清晰表达自己的教学主张，对于教师而言，是一种自我实现的过程，也是与学生、同事、教育界及更广泛社会进行有效沟通的前提。

前面谈到，教学主张是教师个人的思想和认知，它带有明显的个人色彩，甚至是偏见，因此具有一定的私密性。在一定程度上，教师可以选择不公开表达自己的教学主张，这是一种对人和对教育的尊重。

然而，在某些情况下，如各地名师培养项目等，可能要求教师提炼并阐释自己的教学主张。在这种情况下，教师需要认识到，提炼和表述教学主张是一个系统且复杂的过程，它需要教师深思熟虑并明确表达自己的教育理念、学生需求和学科特点，选择最符合自己的教学理解与教学追求的角度表述。

因此，在提炼教学主张的过程中，教师需要根据自己的教育理念、学生需求和学科特点，选择最符合自己教学风格和个性的视角进行考量。这个过程是他人无法替代的，也是他人无法给予实质性和系统性指导的。他人所能做的，只是在教师如何陈述和阐释教学主张时，提供一些参考视角，或者提醒教师在表达方式上多下一些功夫，但最终的提炼和表述工作需要教师自己完成。

总之，教学主张的提炼与表述是教师专业发展中不可或缺的一环。它不仅能促进教师实施更有效的教学，还能更好地促进学生的学习和发展。任何一位教师只要有志于成为真正意义上的专业工作者，通过个人反思、实践经验的积累以及对教育研究和理论的兼收并蓄，都是可以提出并不断发展和完善自己的教学主张，进入教育理念与实践最佳结合的境界的。

为了帮助中小学教师和研究者更好地提炼与指导提炼教学

主张，本章试图从不同的视角进行一些讨论。这些讨论只是个人之见。读者朋友们一定要认识到，教学主张的提炼与表述是一个复杂的个人化过程，他人只能在一定程度上提供帮助，教师作为具体的个体需要根据自己的实际情况建构自己的认知框架。

第一节　教育理论视角

教育领域中存在多种理论，每种理论都试图解释学习的本质，并指导教学实践。行为主义强调可观察的行为和外部刺激对学习的影响，认为学习是通过条件反射和强化而发生的。认知主义关注内在的思维过程和知识组织，认为学习是一个信息处理过程，强调学生如何接收、存储和检索信息。建构主义认为学习是一个主动构建内在理解的过程，学习者通过经验和反思将新信息整合到已有的知识结构中。人本主义强调个体的自我发展和实现潜能，认为教育应该促进个人自我实现和全人教育。社会文化理论强调社会互动和文化背景对学习的影响。维果茨基是这一理论的关键人物，他提出了"最近发展区"理论，教学在学生的"最近发展区"着力。批判理论关注教育如何通过促进批判意识和社会正义而解放学习者。这一理论反对教育中的不平等和压迫，鼓励学生批判性地审视世界，成为能够改变社会的公民。后现代主义质疑标准化和一元化的教育观念，强调多样性、差异性和解构权威知识的重要性。后现代教育倾向于反对大型叙述和普遍性的真理观念。情感主义关注情感、态度和价值观在学习过程中的角色。情感教育理论主张应关注学生的情感发展，以及这些情感如何影响认知能力和学习行为。生态系统理论强调，个体的发展受其多层环境系统的相互作用影响。它强调学校、家庭和社区等多个环境对学生学习的影响。

这些理论在教育学领域中互有交叉，在实际的教育实践中往往是互补的。教育工作者和研究人员通常会根据具体情境、教育目标和学生需要选择与结合这些理论来指导自己的教学方法和策略。

譬如，我们江苏省南通市教科院的祝维男老师提出的"重基础、重思维、重应用"这个"三重"高中数学教学主张。该主张认为，数学学习是一个层次递进、相互构建的过程，包括三个相互关联的阶段：基础、思维和应用。该主张一则可以理解为三个重视；二则可以简称为"三重"境界。该主张主要是从"建构主义"理论视角出发的。建构主义强调学生应通过积极参与和经验构建自己的知识和理解。在这个主张中，通过强调基础知识的重要性，认识到学生必须先理解基本概念和技能，然后才能进一步发展其思维能力和应用知识解决实际问题的能力。

第一重境界：基础，即夯实基础。数学符号、公式和运算，是为数学学习构建更复杂概念和技能的基石。打牢基础对于数学学习至关重要，为数学学习提供了坚实的起点，有助于学生在后续学习中理解和掌握更高一级的概念。这不仅有助于提高学生的数学成绩，还能够培养他们的数学思维和解决问题的能力，为他们的终身学习和个人发展奠定基础。

第二重境界：思维。这是数学学习的核心竞争力。数学学习不仅仅是对概念和技能的记忆与重复，更重要的是对数学概念的内化和理解。发展学生的思维能力，使他们能够运用数学概念和技能解决实际问题。数学教学要引导学生对数学概念和方法进行深入分析和评价，识别和解决数学问题中的逻辑矛盾和错误，提出新的解决方案和思路；还要引导学生反思自己的思维过程，帮助他们发现自己的优势和不足，调整学习策略，提高学习效果。

第三重境界：应用，即应用能力的培养。这是数学学习的重要目标，旨在帮助学生将所学知识应用于现实生活中，提高他们的实践能力和创新能力。应用能力的培养强调数学知识与现实世界的联系，不仅包括解决数学问题，还包括解决其他学科和领域的问题。通过解决实际问题，帮助学生更好地理解数学知识的实际价值和应用范围，成为具有综合素质和应用能力的思考者和问题解决者。

进一步探讨的话，可以发现这个主张背后可能有"区分度学习理论"的教育理论。该理论强调，学生在学习过程中的需求和能力各不相同，因此应提供不同的学习路径以满足他们的特殊需求。在这个"三重"高中数学教学主张中，该理论可以理解为：在学生掌握基础知识后，根据他们的理解程度和思维能力，提供不同难度的应用问题供他们思考解决。

这个主张也与"元认知理论"有关。元认知理论主张，学生应该具备对自己学习过程的理解和控制能力，能够自我调整学习策略以提高学习效果。这个主张，强调思维的重要性，要求学生能够对自己的思考过程进行反思，通过调整思维方式来解决问题。

背后还有"情境学习理论"，该学习理论认为学习应该在具有实际意义的情境中进行，这样学生可以更好地理解和应用知识。这个主张强调应用的重要性，鼓励学生将学到的知识和技能应用到实际问题中，这也是情境学习理论的一种体现。

　　同样，我们江苏省南通市通州区平潮实验中学陆志强老师提出的"变构学程"的初中数学教学主张背后的教育理论支持也有建构主义教育理论、多元智能理论、差异化教育理论、区分度学习理论等。建构主义理论认为知识不是被传递的，而是由学生在与环境的交互过程中自我构建的。在这个过程中，学生通过解决问题和反思，构建自己的知识体系。这种理论可以支持变构学程中的自主学习和变构学习过程。霍华德·加德纳的多元智能理论认为，人类的智能不仅仅是传统意义上的逻辑－数学智能，还包括语言智能、空间智能、身体－运动智能、音乐智能、人际交往智能、内省智能、自然认知智能等。这些智能在不同的人中表现出不同的强弱，因此教育应当尊重个体差异，提供多元化的教学方式。元认知理论强调学生对自己的学习过程进行监控和调控的能力。这种理论可以支持变构学程中的反思和自我评价部分。区分度学习理论认为，每个学生的学习能力和理解速度都是不同的，因此，教学过程应该尊重这些差异，为每个学生提供适合他们的学习路径和速度。

　　没有教育理论支持的教学主张可能会过于依赖个人经验或偏好，从而忽视教学的基本规律和教学实践的多样性、复杂性而自说自话。教育是一个专业领域，需要专业知识和技能。没有理论支持的教学主张可能会使教师的专业性受到质疑，从而影响教师的职业声誉。

第二节　核心知识与关键能力视角

国家督学、北京师范大学中国基础教育质量监测协同创新中心首席专家褚宏启教授在介绍义务教育课程方案和课程标准修订情况时说：

新修订的课程方案要求"坚持素养导向"，依据学生终身发展和社会发展需要，明确育人主线，加强正确价值观引导，重视必备品格和关键能力培育。凝练课程所要培养的核心素养，体现课程独特育人价值和共通性育人要求，形成清晰、有序、可评的课程目标。

核心素养是使个人在21世纪能够成功生活、能够适应并促进社会进步的为数不多的关键素养。创新能力、批判性思维、公民素养、合作与交流能力、自主发展能力、信息素养等，是国际上具有最大共识的核心素养。新课程方案强化课程的综合化、实践性，重视培养创新精神、实践能力与真实情境下的问题解决能力。此外，在我国对学生的政治素质、思想品德方面还有一些体现国情的要求。课程建设要以"核心素养"为中心展开，要为培育学生的核心素养服务，"从知识到素养"是教育改革尤其是课程改革的方向。

（见教育部政府门户网站 2022 年 4 月 21 日文章《推进核心素养导向的课程建设》）

以语文学科为例，高中课程标准提出了四个维度的核心素养：语言建构与运用、思维发展与提升、审美鉴赏与创造、文化传承与理解。如果一位高中语文教师试图从学科素养视角提炼自己的语文教学主张的话，最为贴近的表述我以为是"听说读写的背后是思维、审美与文化"。这个表述强调了语文学科不仅仅是关于语言技能的训练，更深层次的，是关于思维训练、审美教育和文化传承的过程。

语文教学不仅仅是教授学生如何阅读、写作、听和说，更重要的是要通过这些活动来训练学生的思维能力，包括批判性思维、创新思维以及逻辑思维等。语文教学应当注重培养学生的审美意识和鉴赏能力。通过对文学作品的讨论和分析，学生不仅能够理解作品的深层含义，同时也能够欣赏到作品的美感，进而提升自己的审美鉴赏能力和创造力。语文教学也是文化教育的过程。通过学习语文，学生可以了解到自己民族的文化传统，理解民族文化价值，并学会尊重和理解其他民族文化，从而实现文化的传承和理解。

"通过听说读写的训练，培养学生的思维能力、审美鉴赏能力，并帮助他们理解和传承文化。"这样的教学主张，不仅符合高中语文课程提出的学科质量标准要求，同时也能够帮助学生全面提升语文学习的关键能力。

再如，高中数学课程的核心知识与关键能力包括：数学抽象、逻辑推理、数学建模、直观想象、数学运算和数据分析。《普通高中数学课程标准（2017 年版 2020 年修订）》指出：

> 通过高中数学课程的学习，学生能获得进一步学习以及未来发展所必需的数学基础知识、基本技能、基本思想、基本活动经验（简称"四基"）。在学习数学和应用数学的过程中，学生能发展数学抽象、逻辑推理、数学建模、直观想象、数学运算、数据分析等数学核心知识与关键能力。引导学生会用数学眼光观察世界，会用数学思维思考世界，会用数学语言表达世界。

我以为按照课标的要求，一位教师的数学教学主张要体现学科素养要求，其教学主张有可能的表述是："用数学的眼光观察世界，用数学的思维方式思考问题，用数学的语言表达世界。"这一教学主张强调了数学的实用性和普遍性，使学生能够在日常生活和学习中广泛地应用数学，从而提高他们的数学素养和综合素质。

具体来说，用数学的眼光观察世界，意味着学生应该具备应用数学概念、原理和方法来理解和解析现实世界的能力。例如，教学中可以指导学生通过几何的角度来理解和描述物体的形状、位置和运动，通过统计和概率的角度来理解和分析数据、事件的规律等。提醒学生用数学的思维方式思考问题，培养用数学的思维方式，包括抽象思维、逻辑推理、数学建模等来思考和解决问题的能力。例如，可以通过抽象思维来简化和规范问题，通过逻辑推理来推导和证明结论，通过数学建模来模拟和预测实际情况等。用数学的语言表达世界，意味着要指导学生提升用数学的语言，包括数学符号、公式、图像等来表达、传达思想和信息的能力。例如，通过数学符号和公式来精确、简洁地表达数学概念和关系，通过图像来直观和形象地表达数据和函数等。

"用数学的眼光观察世界，用数学的思维方式思考问题，用数学的语言表达世界。"这一主张也可以压缩为"用数学理解、解决问题和表达思想"，或者"培养数学思维，塑造逻辑人生"。在我看来，"培养数学思维，塑造逻辑人生"这个表述恐怕已经很简洁了。

其实祝维男老师的教学主张也可以说是从高中数学核心知识与关键能力视角出发的。

再如，高中英语核心知识与关键能力主要包括语言能力、文化意识、思维品质和学习能力。语言能力指在社会情境中，以听、说、读、看、写等方式理解和表达意义的能力，以及在学习和使用语言的过程中形成的语言意识和语感。英语语言能力构成英语核心知识与关键能力的基础要素。我的理解就如我对语文学科和语文核心知识与关键能力的几个维度的理解一样，英语语言能力的提高蕴含文化意识、思维品质和学习能力的提升。如此，一位英语老师的英语教学主张可能要考虑整合性与情境学习，跨文化交流，高阶思维培养和自主学习策略，在学习理解的基础上，实现从应用实践到迁移创新的转变，全面提升学生的语言实用能力、文化理解、思维能力和自主学习技能。简言之，这个主张可以这样表述："The teaching idea of English teachers is to realize the firm teaching belief in the process from application practice to transfer innovation on the basis of learning and understanding"

（在学习理解的基础上，实现从应用实践到迁移创新）。浓缩一下可以是，"Applied Learning to Innovative Teaching"（从创新教学到应用学习）。缩写为几个字母可以是"ALIT"，但是中文则不大容易做到。

2023年暑期，我应邀同云南省兰坪县一个名师工作室团队成员分享教学主张提炼的话题，其间，我让他们用一个句子写下自己的教学主张，工作室主持人兰坪一中的英语老师张懋写了这么个句子——"Learning English in English communication"。我不懂英语，请他用中文翻译了一下，他说："就是'在英语交际中学习英语'的意思。"直觉告诉我，这是一句大白话，但是一个很符合英语学科特质的教学主张。这个主张的核心价值在于它倡导将语言学习置于真实的交流情境中，以此来提升学生的实际操作能力，激发他们对学习的热情和动力。这种方法强调学生的主体地位，鼓励他们在学习过程中展现自我主动性和创新精神。

这一主张下的英语教学相较于传统的以语法和词汇记忆为中心的教学模式，更侧重于语言的实际运用，让英语教学回归到语言生活的本真，体现了语言学习的实用性和价值。它不仅有助于培养学生的语言技能，还能增强他们对英语学习的兴趣，提升学生英语学习的学科素养与关键能力。

第三节　教学方法、策略视角

　　前面谈到教学主张、教学策略和教学方法虽然是相互独立的概念，但它们在实际的教学过程中紧密相连，共同塑造了教学的过程和效果。理解这些概念之间的关系对于提高教学质量和促进学生学习具有重要意义。这三者构成了教学过程的核心要素，但它们各自承担着不同的角色和功能。教师需要根据自己的教学主张和理念来选择、应用相应的教学方法与策略，以达到教学目标，促进学生的学习和发展。虽然三者层次不同，但它们相互影响。一位教师的教学主张会影响其选择和实施的教学方法与策略，而实际的教学经验又可能反过来塑造或调整教师的教学主张。因此，一个教学主张可以从对教学活动中采用的具体方法和策略视角考虑提炼。

　　我们讨论教学主张，不可能不强调教学方法与策略，因为这些是实现教学目标的手段和工具。教学主张应该明确表述教师如何设计和组织教学活动，如何引导和激励学生学习，以及如何评价和反馈学生学习的效果。如果一位教师认为教师的角色是引导者和协助者，教学应激发学生的学习兴趣和积极性，应提供适当的学习资源和支持，帮助学生自主学习和探索，那么他的教学主张的表述可能是"以学习为中心，引导和支持学生自主学习"。如果一位教师认为教师的角色是设计者和组织者，应为学生提供必要的指导和支持，那么这种教学主张的表述可能是"任务驱动，激发学习动机，引导实践探索"。在这样的主张下，他会相当重视设计具有挑战性和实际意义的任务，激发学生的学习动机和兴趣，引导学生进行探索和实践。如果一位教师认为教师的角色是组织者和协调者，应为学生提供必要的指导和支持，那么他会重视学习活动中的团队合作和交流，会通过设计合作性的教学活动，促进学生之间的交流和合作，培养他们的合作精神和团队意识。其教学主张的表述可能是"协作学习，同侪互助，共同进步"。如果一位教师认为教师的角色是评价者和反馈者，则会重视教学过程中对学生学习过程和成果的及时反馈与评价，帮助学生了解自己的学习进度和成果，调整自己的学习策略和方法。其教学主张的表述可能是"及时反馈，有效评价，促进学习调整"。

我一再同有关学校的管理者和教师强调"目标导向，任务驱动，尊重差异，当堂进阶"既是教学理念，也是教学方法与策略（是一种实践方法与策略）。这套方法论的核心，旨在为学生提供一个结构化而富有成效的学习环境，强调将学习目标作为教学的指南，通过具体任务的设计与实施来驱动教学进程，同时考虑到学生之间的个体差异，并在每一堂课上都实现（看到）学生的即时进步。

"目标导向，任务驱动，尊重差异，当堂进阶"主张下的教学，要求教师在教学的每个阶段，明确具体的学习目标，确保每个教学任务都有明确的期望成果。这些目标应当与课程标准和学生的需求相结合，并且应当清楚地传达给学生，使他们了解自己在学习过程中的方向和目的。为帮助学生达成目标，教师需要设计多样化的学习任务，确保这些任务与学习目标紧密相关，并且足以激发学生的兴趣和参与度。任务应具有实践性，能够促使学生将所学知识应用于解决实际问题，同时提高他们解决问题的能力。教师要认识到学生与学生的不一样，要确保所有学生或者是更多的学生的学习进步，需要为他们提供丰富的教学资源，满足不同水平学生的学习需求。例如，对于不同能力水平的学生，提供不同难度的阅读材料或不同层次的习题。同时，鼓励多样化的表达方式和学习路径，让每个学生都能在自己最擅长的方式中学习和展示自己的能力。教学过程中需要持续评估学生的理解和技能掌握情况，及时提供反馈，帮助学生在当堂课上就能意识到自己的进步和需要改进的地方。对于掌握较快的学生，及时提供深入或拓展的材料；对于需要更多帮助的学生，给予额外的支持和实践机会。

将这些策略融入日常教学，需要教师不断地反思和调整教学实践，同时也需要学校管理层提供必要的支持和资源。

这套方法论要求教师在教学设计、执行和评估的每一个环节都要有清晰的目标意识，同时能够灵活地采用任务驱动的方式来激发学生的主动性和创造性。教师需对学生的个体差异保持敏感，以便提供适宜的支持，最终通过及时的反馈和调整确保学生的每次学习都能取得显著进步。"目标导向，任务驱动，尊重差异，当堂进阶"不仅仅是方法论，更是一种理念，一种指向具体教学实施的教学理念。这种理念转化为教师的认知，就会成为教师采纳的教学主张。

第四节　跨学科整合视角

2022 年颁布的义务教育课程方案与各科课程标准要求学校课程要设立占 10% 课时比例的"跨学科主题"学习活动，加强学科间的相互关联，带动课程综合化实施，提升学生的关键能力。这个要求将长久以来的课程割裂、独立的形态转向了不同学科间的整合，从强调学生知识培养转向了跨学科技能和概念培养。这要求提醒我们教学思考与教学理解不能像以往一样囿于一城一池，而要以更为广域的视角去审视和实施教学。

邱磊老师的"共存共生，跨界融合"这一主张就是从跨学科整合视角提炼的。"共存共生，跨界融合"主张提醒邱磊在设计教学计划和实施教学活动时，需要深入思考如何构建知识之间的桥梁，使学生能在不同学科之间建立起联系，从而更好地理解知识，提升解决实际问题的能力。这样的主张促使他设计出能够让学生在实践中应用所学知识的跨学科项目。而这需要在教学中引导学生在不同学科之间建立联系，促进知识的深入理解，思考不同学科知识在现实世界中的应用；更需要培养学生的批判性思维，让他们能够独立分析和解决跨学科问题。

邱磊老师在教学实践中会有意识地结合汉字学、天文学知识，包括我国古代诗歌，介绍地理知识，譬如：

"月"是一个自带天文密码的汉字，要是评选"最有天文价值"的汉字，她肯定少不了。"月"的诞生，正是一种"象形"的结果：造字者抬头望月，真实地把她的形状给临摹了下来。但在早期汉字中，我们看到的，基本上是"）"这种右边亮的月牙，反过来的"（"却不太多见。你现在可以想一想，身边熟悉的那些带"月"旁的汉字，如"期""望""朔""明""阴"等，只有"月"在右边的，才真正和月亮有关。而如果"月"在其他位置，则多与"月"无关。如"脸""腿""前""服"等。这究竟是怎么回事呢？

原来，"（"是下蛾眉月，只在人们睡熟或白天才出现，古人很少与她照面，当然得不到青睐。而"）"是上蛾眉月，当太阳西沉时，上蛾眉月就能看到了，一直到晚上九点才渐渐消失。这段黄金时间，央视正播放《新闻联播》，上海的餐馆里正人声鼎沸，广州的大街上正车水马龙呢！那我们就不难想象：没有电视可看、没有夜店可逛的古人，他们或许正仰望着夜空，而"）"往往是最显著的标志。

如果稍加推论，除了尖尖的月牙儿（）），我们还能见到"）"的写法，仔细看中间，换成了一道竖线（如右图）。这也符合客观实际，她叫"上弦月"，出现于农

历的初七初八，且天黑就挂在天上，直到子夜才隐没，人们对她的印象较为深刻。唐朝诗人张继的名诗《枫桥夜泊》，首尾两句"月落乌啼霜满天"和"夜半钟声到客船"，证明他所言非虚，见到的正是上弦月。

我曾经的同事，现江苏省南通市通州区实验中学的朱建老师，综合自己20多年的初高中生物教学实践，以及两项江苏省教育规划课题"事件策略"和"事件哲学"的研究，提出了他的生物教学主张——"事中学"。朱建努力把生物教学想要达成的目标"揉"进一件件的"事情"当中，让学生在经历生物学事件的过程中获得成长，具体可以理解为"因事探理、经事明理、以理行事、事理相融"。

因事探理，比如通过实验验证光合作用，能够让学生理解光合作用的过程和原理；经事明理，比如探讨艾滋病给人类社会带来的重大负面影响，能够让学生知晓拒绝毒品和洁身自好的意义；以理行事，比如在学生学习传染病的知识后，能够制订春季传染病预防的方案；事理相融，是提醒教师在教学设计和实施的过程中注意学科和生活、社会及学生经验的有机结合，注意"生物学事件"的科学性、教育性等。

朱建说，"事中学"指向了生命观念、科学思维、探究实践和态度责任的培养。我以为"跨学科整合"也是他的视角之一。"事中学"的生物教学主张，强调了从具体事物出发到抽象理论再到实际应用的过程，这不仅仅是生物学科内的知识建构，也是一种跨学科知识综合与应用的过程。在这一过程中，学生被鼓励运用和联结不同学科的知识和方法，以更全面、深入的视角解决问题。

在"事中学"的过程中，学生通过观察、实验和项目等活动，体验和分析生物学现象，这些活动往往需要融合数学、化学、物理等学科的知识。例如，分析生物统计数据时需要数学知识，探究化学过程时需要化学知识。通过这样的实践，学生能够体会到不同学科之间的内在联系，从而建立起跨学科的思维框架，有助于学生建立起知识间的联系，培养解决复杂问题的能力，并为应对现实世界的挑战做好准备。

跨学科整合的教学主张要求教师具备跨学科知识，并设计能够激发学生综合思考的课程。

第五节　社会责任视角

　　教学主张的社会责任视角是指教育应当培养学生的社会责任感，使他们成为能对社会做出积极贡献的公民。从这个视角出发，教学不仅仅包括学科知识的传授，还包括对学生的价值观、态度和行为的塑造。教师应当引导学生认识到作为社会成员，他们有维护社区和环境健康、推动社会公正和参与公共事务的责任。教学主张的社会责任视角要求教师在教学设计中融入社会责任的内容，引导学生通过学习过程认识并承担起作为社会成员的责任，这样的主张下的教学对学生的全面发展以及未来的社会进步具有深远的意义。

　　邱磊的"共存共生，跨界融合"是一个涵盖多个视角的教学和研究主张，它强调不同学科、文化、技术和社会群体之间的互动与合作。这个主张认为，通过跨学科的合作和融合，可以更有效地解决复杂的全球性问题，培养学生的创新能力，以及推动社会的整体进步。在教学中实施这一主张的社会责任视角，可以有以下几个方面。

　　其一，地理与跨学科教育。地理学作为一门综合性学科，自然可以促进与其他学科的对话和合作。例如，在研究气候变化时，结合大气科学、生物学，乃至政治学、经济学，可以让学生从多角度理解全球变暖对地球的影响。探索人类活动与自然环境的相互作用，培养学生的系统思考能力。

其二，地理与文化多样性。地理教育可以强化文化多样性的教学。通过研究不同地区的文化地理，学生可以了解各种文化如何与其地理环境相互作用和影响。这包括语言分布、文字发展、宗教习俗、历史迁徙和地理边界的形成等。邱磊老师在一节地理课的反思中，有这样一则故事：

> 有一次讲地形塑造，我以"洲"为例，说到"洲，指水中的……"下面一个声音突然响起："关关雎鸠，在河之洲！"同学们听到，纷纷扭头看始作俑者，并哄笑了起来。课也自然被打断了，有人安慰我说："老师别在意，他老这样。"
>
> 我忽听到那一声喝，倒是没有生气，突然"心念一动，震动四方"，感觉可以做做文章。于是，我主动"示弱"，请那位学生谈谈这句话的意思。他开始有点不好意思，扭扭捏捏地站起来："就是水鸟在水中歌唱。"一听有谱，我便继续说道："你很厉害，连两三千年前的《诗经》也有所了解。但请问这个'洲'指什么？""指水里。""哦？讲讲理由。"
>
> "因为这个字是三点水旁啊！"他倒也直率。
>
> 既然说到这里，我觉得，恰是点题的好时机，转身在黑板上画了三个横排的小圆圈，相间处，再添三条呈"S"型的纵线——"古人画三个'S'表示流水之势，慢慢地，演变成今天的'水'字；用三个小圆圈表示水中的陆

地，比如小岛之类。这整幅图正是我们今天的'州'字。而且，'州'是'洲'的本字，因为后被借用成行政单位了，比如'苏州''常州'，就只好另造一个'洲'字来替代"。

或许大家从不相信，地理课还能和《诗经》对上号，于是在我对"洲"字的分析过程中，教室里鸦雀无声。这就颇让人感慨，其实一堂"活"地理课的功夫，还真在课外。

其三，地理与技术相结合。有一段时间，网络上有位成都的地理老师，做了地理版的《小苹果》，一时观者如潮，引起了热议。我们发现，即便是再困难的课程，只要有合适的表现形式，尤其是利用好多媒体技术，也可以进行贴切而人性化的教学设计。学生多会积极地参与，并自愿研究地理的知识论、方法论和价值观。学生为什么不愿做课堂的主人，不愿积极地参与讨论、研究？除了心理惯性和氛围的因素外，我们的知识多是"空降"给他们的，还没有说清楚来龙去脉，更远远没有达到"生活地理"的要求。

除了上述三点之外，地理与服务学习、与可持续发展教育、与道德教育相结合，都是可以探索的路径。

践行"共存共生，跨界融合"的教学理念，学生不仅能够获得地理学知识，还能在全球化的背景下培养出解决复杂地理问题的能力，成为具有国际视野和地理智慧的人才。实施"共存共生，跨界融合"的教学主张，不仅可以使学生获得更广泛和深入的知识，还能培养他们成为具有全球视野、社会责任感和跨文化交际能力的人才。这些都是在快速发展和日益相互依赖的世界中取得成功所必需的素质。

朱建老师"事中学"生物教学主张，即在实际情境中学习和理解生物学知识，并将理论知识应用于实践活动中，同样具有明显的社会责任意识。如前所说，"事中学"强调通过亲身体验和参与来深化对生物学理论的理解，同时也培养学生的社会责任感。

我尤其赞同的是，"事中学"强调在真实的社会环境中进行学习，这种方式自然地将学习过程与社会责任联系起来，使得学生在学习生物学的同时，也在学习如何成为具有社会责任感的公民。在生物教学中，我们可以通过组织学生参与实际的环境保护项目，如校园绿化、社区生态保育等，让学生在实践中学习生物多样性的重要性和维护生态平衡的必要性。通过这样的活动，学生可以意识到保护环境的重要性，并在生活中承担起保护自然环境的责任。生物教学可以包括公共卫生知识的传播，例如通过学习病原生物学和免疫学，学生可以了解疾病的传播机制和预防措施。这种知识的传授和实践活动可以提升学生的健康意识，并鼓励他们在家庭和社区中推广健康的生活方式。

在探讨生物学中的食品科学和营养学时，学生可以学习如何识别健康食品，理解食品生产过程中的生物技术应用，并参与到健康饮食计划的制订中。这不仅增强了他们对个人饮食健康的认识，也能让他们对社会的食品安全问题有更深刻的理解。生物教学应当包含生物伦理的讨论，让学生在学习过程中了解和讨论生物技术的道德边界，如基因编辑、克隆技术等。这些讨论，能够帮助学生树立正确的生命观和价值观，为将来可能遇到的伦理问题做出明智的判断。生物教学中通过将学生引入社区服务项目，如参与动物保护工作、向老年人普及健康知识等，可以让学生在服务中学习生物学知识，同时培养他们的社会责任感和公民意识。通过这种模式，生物学教学不再仅仅是知识的传授，而是学生个人成长、社会参与和公民责任感培养的平台。

第六节　科技与创新视角

在如今这个人工智能（AI）高度发达的时代，教学主张的提炼必须紧跟科技的步伐，并且融入创新视角。这意味着教育理念和实践应当与最先进的技术趋势相结合，以更务实和前瞻的方式应对教育挑战和机遇。

在数字化时代的教育中，使用数字化平台和系统可以改善教育治理、教学管理和学习创新方面的困境。数字化技术，可以将更加概念化的分类管理下放到较低层级，使学习者在数字化平台上能够更清晰地明确自己的选择。学习者不需要过早明确自己的职业定位，而是可以在数字化世界中找到同类，并满足学习者的小众需求。魏忠博士的观点是，数字化时代的教育带来了更多的管理自在、教学自由和学习自主。

数字化技术也能够促进教育资源的共享和线上管理，减少人力和物力的浪费。通过数据分析和信息汇总，教学管理可以获得更多科学依据，从而更有效地进行决策和规划。

除了数字化技术，教学主张的提炼还需要考虑创新视角。教育领域需要不断探索新的教学方法和策略，以适应不断变化的学习需求和挑战。创新可以涉及教学内容的设计与交付方式、评价方法的改进、学习环境的创造等方面。

教学主张的提炼需要紧跟科技的发展，并融入创新视角。科技的应用可以改善教育管理和学习体验，而创新则能够推动教育领域的进步和发展。通过科技与创新的结合，教育可以更好地应对挑战并提供优质的学习机会。

教学主张的提炼在 AI 时代应该是一个动态的过程，不仅要符合当前的技术发展，还要能为未来的变化做好铺垫。教育者应当致力于创建一个既现实又富有远见的学习环境，其中技术是支持学习、促进创新和发展社会责任感的工具。

以数学教学为例，在 AI 时代，教学主张可以从以下几个方面体现务实的科技和创新视角，考虑引入智能教学系统，这些系统可以根据学生的学习情况提供个性化的学习计划和实时反馈。例如，AI 可以分析学生在解决数学问题时的思考过程，识别他们的理解障碍，然后提供针对性的练习和解释，以帮助他们克服困难。通过收集学生的学习数据，教师可以使用机器学习算法来分析学习模式、进度和成效。这些数据可以帮助教师调整教学策略，例如，通过识别学生在某个数学概念上的普遍误区，然后设计针对性的教学活动来解决这些问题。使用 AI 驱动的模拟工具，可以帮助学生可视化复杂的数学概念和理论。比如，几何学的可视化软件可以帮助学生理解空间结构，而统计学软件可以通过模拟实验来说明概率理论。

教师可以设计 AI 辅助的问题解决环节，鼓励学生应用数学知识解决现实世界问题。这种跨学科的项目可以帮助学生理解数学在科学、工程、金融等领域的应用，并激发他们的创新思维。在数学课程中融入编程教学，使学生理解算法是如何解决数学问题的，这样可以强化他们的逻辑思维和解决复杂问题的能力。同时，他们也学习如何使用编程语言将数学逻辑转化为可执行的代码。教授学生关于 AI 在数学领域应用的伦理问题，如数据隐私、算法偏见等，确保他们在使用这些强大工具时能够做出负责任的决策，并认识到其社会责任。通过这些方式，数学教育不仅可以为学生提供深入理解数学概念的途径，而且还可以培养他们适应快速变化的技术环境所需的关键技能。

这样的理解下的教学主张可以表述为"AI 时代数学教学：个性化、数据驱动，交互式、伦理导向"。

再如，持有"以科技创新视角推动物理学科教学改善"的教学主张的物理老师可能会将前沿科技与物理学科相结合，引入最新的科技应用和实验设备，让学生了解和探索科技在物理学中的应用。例如，使用虚拟实验室、模拟软件和数据分析工具，让学生通过实践掌握科技创新的方法和技能。教师可以通过模拟科技创新团队的工作方式，培养学生的团队合作和协作能力，在实践和应用中提升学生的科学思维和解决问题的能力。教师会通过引导学生进行实验、设计和建模等活动，让他们亲身体验物理原理的应用，鼓励学生提出问题、设计实验、收集数据和进行数据分析，培养学生的科学精神，激发他们的创新潜力。同时会引导学生思考科技创新对社会和环境的影响，并讨论科技伦理问题。教学中会注重案例研究和讨论，引导学生思考科技创新的道德和社会责任，培养他们的社会意识和全球视野。其教学主张完整的表达可能要一个比较长的句子："以科技创新视角，融合前沿科技和物理学科，注重实践应用，培养学生团队合作和科研思维能力，同时引导学生深思科技创新的伦理与社会影响，以此推动物理教学的发展与创新。"也可以压缩为"以科技创新为视角，融合前沿科技和物理学科，培养学生团队合作、科研思维和科技创新伦理素养，推动物理教学创新发展"，或者是"科技创新视角下的物理教学创新"。"科技创新视角下的物理教学创新"这一主张表述涵盖了教学目标、教学方法、教学评价、教学环境等方面，是一个简洁明了的表达。如果缩减为"科创物理"似乎也不是不可以，但与"科技创新视角下的物理教学创新"相比，"科创物理"就显得更为模糊和宽泛。它虽然便于快速传达和记忆，但在信息的准确性和详细程度上会让人费解。

第七节　教学风格与教学特点视角

前面说过，教学主张的提炼通常是基于教师个人的教育理念、教学经验以及对学生学习需求的理解。在这一过程中，教学风格与教学特点是两个重要的考量维度。当教师在反思自己的教育实践和学生的学习需求时，他们会提炼出符合自己教学风格和特点的教学主张。这样的教学主张更贴合教师自己的教学理念和实际操作，更容易落实在课堂上，并对学生产生积极影响。一位崇尚探究学习的教师可能会倡导"问题导向，激发好奇心，鼓励批判性思维"的教学主张，而一位强调基础知识的教师可能会强调"系统讲授，夯实基础，提升能力"的教学主张。应该说，教学主张的提炼不仅是对教育理念的阐述，也是对教师个人教学风格和特点的申述。

教师邱磊的"共存共生，跨界融合"的教学主张，就反映了他对地理学科教学的深刻理解和个人教学风格与特色的表达。他在长期的思考和实践中，从不同的角度和方向，探索着课堂在现实困境中的突围与转型，提出"共存共生，跨界融合"。所谓"共存共生"，指向地理育人的基本要素：生境（适应自然与社会环境）、生长（掌握知识技能，形成价值观）、生活（立足现实，朝向更美好的未来）。所谓"跨界融合"，则表示多要素、多视角、多学科下的深度融合，让地理学科更具科学、艺术和文化上的整合力。

邱磊老师对学科的理解，离不开杜威。他在研究这位世界著名的教育家、哲学家时，将其实用主义与地理学科联系起来。这一主义讲究面对实际问题、不同问题，能有效地予以针对性解决。实用主义下的本体论，认为教育的本质是"经验改造"。经验是一种差异化（个性化）、发展化、多元化的客观存在。经验与每个生命息息相关，与成长更是脱离不了关系。在教育层面上来说，实用主义下的教育策略的实施，要朝向有助于学生"生长"（或者叫经验改造）的方向进行。一切教育教学的设计、展开、评价、修正，都是以此为核心的。所以，杜威有著名的"教育即经验的改造""教育即生长"之说。

同时，这种生长的情境一定是生活化的，古往今来，真实的问题都是来自生活（以及由生活发展而带来的工农业生产等），所以生活既是教育教学的场景，也是其素材、知识、技能、思维的来源。甚至可以说，学会生活就是教育的功能。这一点在地理上尤为突出，"学习对生活有用的地理"，正是这门学科的基本价值观。

在杜威的观念中，共同体是一种社会协作（以一辆马车的零部件及零部件之间的组合、结构为例）形式。人作为一种"社会关系的总和"，承担自我角色、参与协作、共同成长，成为实用主义教育的一个基本立场。实际上，在当下的课程改革中，"合作学习""踊跃展示"等授课环节，正是这一思想的体现。需要强调的是，地理学科的二元性（人与环境），尤其是中国人认识人地关系中的"天人合一"，正好强调这种共存、共生的价值取向。

最后，在实用主义的认识论上，杜威提出了以"行动"为中心的认知观。许多人熟悉的"做中学"理论，即其集中体现。邱老师提出的"共存共生"中的"存""生"二字，既有生存、生活、生长等名词性的含义（如前述第一、第二条）；也有动词性的一面，表示"存续"和"生长"（动词性，表示过程）。

"跨界融合"的提出，更是直接取自于"做中学"。"跨"为基础，以此为"做"，打破现有的学科边"界"，找到不同学科与知识的"地理基因"，形成地理与其他学科的潜在联结；"融"是手段，通过巧妙地构建地理与语文、数学、物理、化学等多种学科的联结，形成有价值、有意义的解构方式、呈现形态与教学逻辑；"合"是目的，即找到更为有效和深刻的教学路径与思路。

可以说，邱磊老师提出的教学主张，是其个人感受教育、阅读教育、实践教育的凝练与浓缩，有着强烈的个人特色和精神风貌。

祝维男老师提出的"重基础、重思维、重应用"的教学主张不仅体现了对数学教学的全面而深入的理解，同样带有个人特点和个人风格。

祝维男老师的教学注重基本概念和原理的讲解，关注学生对数学公理的认识和公式的推导，坚持对概念、公理和公式本质的挖掘和理解。比如，概念的概括是一个逐级逐步概括、抽象的教学过程，祝老师在函数单调性的概念教学过程中，通过对实例的观察、分析、归纳、抽象，让学生亲身经历数学概念从直观到抽象、从特殊到一般、从有限到无限、从粗疏到严密的符号化过程。在这个过程中设计了问题串，搭建思维的平台，使得学生参与概括成为可能。虽然概括不能一次到位，但通过反复纠错、共同完善，最终得到严格的概念表述，这样的概念概括过程是自然的、鲜活的。在这个过程中，学生理清了概念的本质，培养了思维的严谨性，优化了思维品质，发展和提升了"数学抽象"素养。

祝老师的教学重视鼓励学生独立自主地解决数学问题，重视数学思想方法的渗透和运用，培养学生分析问题、解决问题的能力，通过引导学生解决复杂的问题，拓展数学思维边界，通过数学探究和数学证明等方式提升学生数学思维能力。比如，基本不等式是高中阶段不等式学习的核心内容和重要节点，具有承上启下的作用，是学生学习了不等式的基本性质后接触到的第一个重要的数学模型，该内容的学习，既是对前面知识的总结与升华，又是后续不等式内容学习的方法储备和知识积累。在这节课的教学中，祝老师紧扣本节内容中蕴含的数学思想方法，尤其是在基本不等式的发现和对基本不等式的几何解释的过程中突出体现了数形结合的思想，在利用基本不等式证明推广不等式中不断强化替换的数学方法。对教材深入挖掘，利用教材中隐含的帕普斯"半圆模型"和赵爽"弦图"等渗透数学文化价值，在由形到数的探究路径中，培养学生良好的思维，让它成为学生积极动手实践、自主探究、合作交流发展和提升学生数学抽象、数学建模、逻辑推理等关键能力的重要载体。

数学的应用主要体现在数学建模的教学中，是先将实际问题抽象概括为数学问题，然后再解决数学问题的过程，是学生运用数学知识解决实际问题的过程。如：测量高度是传统的数学应用问题，与生活密切相关，学生在初中学习完平面几何中的勾股定理及三角形全等与相似知识以后就可以解决此类问题。

教学中，祝老师结合高二年级学生已有的学习经验以"数学建模活动——测量学校内、外建筑物的高度"为题设计了一次建模教学，强化自主探究与合作学习，活跃学生思维，让学生运用信息技术解决简单的数据运算问题。从数学知识上看，学习了任意角的三角函数以及三角函数的图像与性质，掌握了解三角形的不同方法；学习了空间几何体以及相关性质与运算，会将实际生活中的问题抽象成数学问题，并用数学的语言来表达。从物理知识上看，学习了自由落体运动，知道光沿直线传播等基本原理，引导学生将理论知识转化成实践，准确用已有工具测量仰角，优化模型解决实际问题。

祝老师的教学风格，用一个字来讲就是"实"，但也不失活，即实而不死，活而不乱。这样的风格与他的教学主张是完全一致的。

第八节　终身学习与发展视角

我以为教学主张的提炼还有个终身学习与发展视角。我另一位朋友——江苏省通州高级中学的张剑平老师原来教地理，但"转行"教高中信息技术已经 20 多年了，他有如是说：

南通市名师培养导师团对于准名师们和名师们有一个要求：要提炼一个自己的教学主张。我不是准名师，更不是名师，作为非名师的我也在思考教学主张这个话题。如果让我来提炼我的教学主张，又会是怎样的呢？

教学主张的提炼，离不开自己教育教学的实践和思考。我是地理专业出身，工作后又自学信息技术，进行信息技术辅助学科教学研究，后又兼教信息技术课程，也涉猎逻辑、科学、哲学以及艺术等多个学科，开发过一些学科融合的课程。因为自己一直游走在不同学科之间，对于教育和教学自然就有了更多独到的自我思考。工作 33 年来，我一直在不断地自我学习，而且通常是跨界学习。不以学科为壁垒，或许眼界更为宽阔；不以浅知为止息，或许思维更为深邃；不以臆断为定论，或许觉知更为科学。

在不断的自我学习过程中，可以重新审视和完善自己对教育教学的理解和认知。

教育教学显然不仅仅是按照大纲和教材教会学生应试的知识和技巧，教育教学更重要的目标显然是培养学生自己终身求知求识、终身自我学习和发展的意识和能力。在进行信息技术辅助教学尤其是网络学习的研究之前，我对于提升学习能力的重要价值以及联合国教科文组织推崇的终身学习意义的认识都只是停留在概念文本之中，并未有真正意义上的具身感知和概念理解。几次网络学习的教学实践之后，我发现技术提供的学习平台和路径对于缺乏自学能力的学生所起到的作用微乎其微。学生学习能力的薄弱甚至缺失是不可回避的现实。在这个现实基础上谈论终身学习与发展显然也是不现实的。

因此，提升学生的自我学习能力成为我关注的教育教学的核心目标之一。在我看来，只有学生自我学习能力提升，才能使学生逐渐摆脱老师教学的被动和限制，才能使学生获得独立学习的地位，才能使学生真正成为学习的主人，才能实现学生成为终身学习与发展的人的目标。

自我学习能力的形成和提升，恰如孩童从依赖大人的搀扶到蹒跚学步独立行走，这也正好契合了德国哲学家康德有关启蒙的观点。在康德看来，"启蒙运动就是人类脱离自己所加之于自己的不成熟状态"。缺乏自我学习能力不正是一种学习上的不成熟状态吗？从不成熟到成熟，需要启蒙这个过程。陈乐民、史傅德在《公民社会与启蒙精神》一书中写道："人的理智被捂盖住了，人因而处于蒙昧状态，即康德所说的'不成熟状态'。处于这种状态的社会状况和思维习惯，安之若素而不觉得需要改变什么。为此，康德大声疾呼：'要有勇气运用你自己的理智！'"

同样道理，学生自我学习能力的形成和提升也离不开运用自己理智的勇气。因此，我们要培植学生的理智，提升学生的自我学习能力，让学生在终身学习与发展中不断增进智慧。

对于学习与智慧的关系，南通的先贤张謇先生颇有心得。他曾手书"以学愈愚"四字勉励乡贤孙儆先生在通州金沙创办新学。"以学愈愚"这四个字出自汉朝刘向的《说苑·建本》，意思并不深奥，用现在的语言来说就是用学习来治愈愚昧，但我觉得有必要深究一下这个"愚"字。张謇先生的这个"愚"又是指什么呢？作为清末状元的张謇先生显然是传统科举教育的最大受益者，然而，这个最大的受益者却没有捍卫给他带来仕途和名望的科举制度，反而高举起反对科举的大旗。张謇先生提出了"废科举，兴学堂"的主张。在他看来，要为国家和社会培养有用的人才，必须向洋人学习，要多开新式学堂，以新的教育模式来替代私塾和科举制度。他还认为：科举唯一的目的，是要消减人民的志气，压迫人民的活动，从小到老，从读书到做官，埋了头，捧了书，执了笔，只是为了赶考。接受旧式教育的张謇先生，没有被四书五经局限视野，也没有被八股行文降低智识。一个私塾教育出身的科举时代的状元，能有如此的见地，实属不易。我相信张謇先生心中的这个"愚"，应该就是死读书、读死书，只为赶考当官的有知无识的"愚"。他也给出了愈愚的药方，那就是通过学习的方式，而这种学习不是旧学，是新学，是来自西方的学校模式、教育教学理念以及课程下的学习。我们不能要求一百多年前的张謇先生拥有现代的学习认知和理念，但是作为一百多年后的我们至少应该在继承张謇先生卓越见地的基础上，将他关于教育的真知灼见发扬光大。愈愚不是一劳永逸的事，尤其在当今这个知识爆炸的时代，我们自己以及我们教育出的学生都必须用终身的学习来终身愈愚。

或许我们以为有"知"就有智慧，只要不断地充实我们的"知"，就会愈愚。在我看来，这种认识是片面的。"知"和"识"是人智慧来源的两个方面，也是相互影响的两个方面。"知"为"识"之基础，"识"为"知"之验证。有"知"无"识"，智慧不张；伪"知"为"识"，愚昧必显。学生们在终身学习、终身愈愚的过程中，一定要有辨别真伪的能力——也就是"识"。如何才能让学生们炼出这双火眼金睛呢？那就需要学生们在不断地自我学习中，勇于求真，拥有真知、培养真识。陶行知先生说过："千教万教，教人求真；千学万学，学做真人。"不少老师记得陶先生"捧出一颗心来"的无私奉献，却忽略了他无私奉献的目标。目标不明的无私奉献，到头来可能只是一场自我感动的空忙而已。陶先生求得真知、培养真人的这个目标对于我们教师和学生而言则更为重要，更为有意义。

有关陶先生的"真"和"真人"的解读有很多。我既不想过度解读"真"和"真人"，亦不愿附和大众泛泛而谈。翻阅陶先生著述，则可以追本溯源。陶先生虽然没有界定"真人"这个概念，但是他却给出了与"真人"相对的"伪君子"明确清晰的界定。他在《论伪君子》一文中说："伪君子服尧之服，诵尧之言，而处心积虑，设阱伏机，则桀纣也。"又说："伪君子非趋利即求名，而趋利求名者，必是伪君子。"由此可见，陶先生所说的"真人"便是不追名逐利、不以君子等高尚面目伪装的人。只有"真人"，不为外在功利之心玷污，方能求得真知。

无论是张謇先生对于"读书只为当官"教育的摒弃，还是陶行知先生不做"伪君子"的告诫，都是要让我们老师和学生们明白，接受教育以及自我的终身学习，应该只是为了个人智慧的增长，而不是为了名利的获得，更不是为了成为"人上人"。只有抛弃外在名利的诱惑，内生自我评判的标的，才能更好地增长自我的智慧，才能更好地实现自我的发展。

在我的教师生涯中，我不仅是这样想的，更是这样去做的。我努力提升自己的学习能力，从能教好地理到能教好信息技术到能开发学科融合课程；我努力增长自己的智慧，丰富学识，开阔视野，坚持提升自己的逻辑水平和审辨性思维水平；我努力放弃荣誉头衔的追求，坚持走"非名师"的自我发展之路。

综合上述信马由缰的思考，假借两位先贤的名言警句，我的教学主张就是：独立自学，求真愈愚。

张剑平老师的上述文字以自己的美丽转身为例，提出的教学主张融入了终身学习与发展理念，强调了教学中提升学生自我学习能力与自我发展意识的重要性。张剑平老师认为，只有提高了学生的自我学习能力，学生才能真正成为学习的主体，实现从依赖到独立的转变。张剑平老师将自我学习能力的提升比喻为儿童学习独立行走的过程，与康德的启蒙观点相呼应。

由此强调，学习上的不成熟状态需要通过启蒙，即提升能力和智慧来克服。他认为启蒙需要"公开运用"理性的自由，这对学生自我学习能力的形成至关重要。学生应该获得自由探索和思考的机会，这是提升自我学习能力的必要条件。

张老师不仅理论上提倡终身学习，而且在实践中不断学习新知识，提升自己的教学能力，他从教地理到教信息技术，再到开发跨学科课程的不断蝉变本身就为学生提供了榜样。张老师不仅在这过程中增长了智慧、丰富了学识、开阔了视野，更难能可贵的是不为博得名誉与头衔而提炼，他选择了一条发自内心的个人发展和实践的道路——是建立在个人的职业认同基础上的，是实实在在"做"出来的。

第九节　教学主张提炼：个人反思与专家智慧的融合

　　毫无疑问，专家意见为个人的教学主张提炼提供了宝贵的权威性和专业性指导。然而，个人教学主张的提炼需通过深入的自我反思进一步明晰，这包括对教学实践、信念和价值观的审视。教师应不断自问，明确自己对教育目标、有效教学方式、学生与教师角色的看法；广泛阅读教育理论，尤其是与个人教育信念相契合的理论，对照专家意见，结合个人教学理解是完善教学主张提炼的关键步骤。

　　毕竟专家在某一方面有研究且有独到见解，专家的意见可能来自教育研究文献，也可能来自他们的专业认知，教师需要积极听取和借鉴，但是你的主张终究是属于你的，要提炼出属于你的教学主张，你就要对自己的教学实践、信念和价值观进行深入的自我反思。不断地审问自己：我认为教育的目标是什么？我认为有效的教学应该是怎样的？学生的角色和教师的角色分别是什么？在此基础上你还得尽可能地广泛阅读和研究教育理论，特别是那些与自己教育信念相吻合的理论。对照专家的意见，想想哪些意见与哪些教育理论相吻合，哪些意见贴近自己对教育目的、教学目标、教学方法、学生评价等方面的理解。最为重要的是，将这些理论运用在现实情境中适用不适用，如何根据实际情况做出调整。凡此种种，看的既是个人的智慧，也取决于个人的理解，最终还要将自己的教学信念、理论研究和实践经验综合起来，明确地表达自己的教学主张。

尊重与借鉴：个人立场与专家视角的共振

邱磊老师的教学主张，前前后后经历了不少反复，最终在其结业汇报时按专家的意见确定为"厚大美天地，达万物成理"。他告诉了我这个专家意见。我的回答是不纠结，结业要紧，尊重专家是美德。我的态度就如我在同福建陈日亮老师谈及应永恒老师的"本然语文"教学主张时——陈老师说的，"应老师当年是被动地因培训方要求结业时需要有个概括性的语文教学主张，而只能匆忙地用了'本然语文'一语"一样：结业就行。再说，"厚大美天地"这个短语映射出一种对地球这个庞大美丽家园的赞美和尊重，其中包含了地理学对自然界的热爱和对地球环境的深刻感悟。"达万物成理"大概指的是通过地理学的学习，可以理解万物的分布、相互关系和运作规律，达到对自然和社会现象深刻的认知。这两个词语偏向于地理学的哲学和宏观审视，强调对世界的整体理解和对自然规律的洞察，也与地理学科密切相关。关键是你自己最终怎么看。

我认为"厚大美天地，达万物成理"表面上看，这两个分句巧妙地嵌入了"地理"二字，但与"共存共生，跨界融合"

相比，并没有触及地理学科的多元性和交叉性，也不能体现高中地理核心知识与关键能力要求。地理核心知识与关键能力要求主要包括人地协调观、综合思维、区域认知和地理实践力四个方面。课程标准告诉我们，地理学不仅仅关注自然现象，也包括经济、社会、文化等多方面的内容。它是一个将空间分布、地球科学、人文社会等众多元素综合在一起的学科。一个全面的地理教学主张，应该包含对这种多元性和交叉性的认识与应用，同时还应该具备教师的个人素养特质与兴趣特长。相比之下，"共存共生，跨界融合"这个表述更接近地理学科所关注的内容，因为它强调了生态系统的相互依赖及不同学科间的整合应用，这与地理学科的多元性和交叉性密切相关。

我与他当初敲定"共存共生，跨界融合"，是因为我们认为"共存共生"这个短语强调的是不同生物、环境甚至文化之间的相互依赖和和谐共处，与生态学和人文地理学的概念相呼应。而"跨界融合"意味着地理学科不仅仅局限于地球表面的物理特征的研究，还包括与其他学科如语文、历史、生物、经济、政治等的交叉和综合。这两个短语与邱磊的个人兴趣研究专长也是吻合的。我在 2012 年给《教师月刊》年度教师推荐语中这样写道：

> 邱磊是个新人，既无耀眼的光环，也无多少阅历和显著的成绩。他就如一粒触角灵敏、生命力旺盛的种子，向着"好教育"的土壤，不断汲取水分、延伸根脉，竟撑开了自己的一片天，长得日渐蕾壮。
>
> 他是学校的地理教师，他懂得如何走出学科局限，向精神的开阔地前行。2012 年，二甲中学"今天第二·青年

教师专业成长沙龙"共读杜威的《民主主义与教育》，他孜孜汲汲，见解独到。从报刊上常可读到他读杜威的"心得"。他的博文，有着探向"教育的源头"的思考气度与眼界，与同龄人大不一般。一个年轻人的朝气和努力，就此晕染开来，他求得的知识，不仅施于教学，惠及学生，同样润泽于刚降生一年多的孩子身上。他每天的学习、生活，就如一场"生活在真实中"的实践，不断找寻着自我，叩问着教育的奥义。

下面摘取的是他的一个课例片段：

有一回，我在课堂上注意到一位姓姜的女生不是特别有精神，学习有点懈怠，恰巧当时说到黄土高原，我就临时插了一段：

从上古时代开始，炎帝与黄帝即在黄土高原一带逐鹿，当时气候温暖，水草丰盛，畜牧业发达，氏族以"羊"为图腾——证据就是汉字中的"美""祥""善""鲜"等，凡有美好寓意的，多始于此。部落生育儿子的，即姓"羌"（"羊"＋"儿"）；生女儿的，即姓"姜"（"羊"＋"女"），这两个古老的姓传到今天已经将近5000年了，但更重要的是，他们是炎帝的直系后代！我们理应对他们更加尊重。

下面是邱磊对"共存共生，跨界融合"这一主张的具体阐述：

"共存共生"在教育哲学上来说，源自杜威的实用主义。这一主义讲究面对实际问题、不同问题，能针对性地予以解决。实用主义下的本体论，认为教育的本质是"经验改造"。经验是一种差异化（个性化）、发展化、多元化的客观存在。经验与每个生命息息相关，与成长更是脱离不了关系。在教育上来说，实用主义下的教育策略的实施，要朝向有助于学生"生长"（或者叫经验改造）的方向进行。一切教育教学的设计、展开、评价、修正，都是以此为核心的。所以，杜威有著名的"教育即经验的改造""教育即生长"之说。

同时，这种生长的情境一定是生活化的，古往今来，真实的问题都是来自生活（以及由生活发展而带来的工农业生产等），所以生活既是教育教学的场景，也是其素材、知识、技能、思维的来源。甚至可以说，学会生活就是教育的功能。这一点在地理上尤为突出，"学习对生活有用的地理"，正是这门学科的基本价值观。

然后，则是关于共同体的认识。在杜威的观念中，共同体是一种社会协作（以一辆马车的零部件及零部件之间的组合、结构为例）形式。人作为一种"社会关系的总和"，承担自我角色、参与协作、共同成长，成为实用主义教育的一个基本立场。实际上，在当下的课程改革中，"合作学习""踊跃展示"等授课环节，正是这一思想的体现。需要强调的是，地理学科的二元性（人与环境），尤其是中国人认识人地关系中的"天人合一"，正好强调这种共存、共生的价值取向。

最后，在实用主义的认识论上，杜威提出了以"行动"为中心的认知观。大家熟悉的"做中学"理论，即其集中体现。本人提出的"共存共生"中的"存""生"二字，既有生存、生活、生长等名词性的含义（如前述第一、第二条）；也有动词性的一面，表示"存续"和"生长"（动词性，表示过程）。

"跨界融合"的提出，更是直接取自于"做中学"。"跨"为基础，以此为"做"，打破现有的学科边"界"，找到不同学科与知识的"地理基因"，形成地理与其他学科的潜在联结；"融"是手段，通过巧妙地构建地理与语文、数学、物理、化学等多种学科的联结，形成有价值、有意义的解构方式、呈现形态与教学逻辑；"合"是目的，即找到更为有效和深刻的教学路径与思路。

同时，"跨界融合"也有建构主义的思想在其中。此主义亦深受杜威影响，其认为世界通过新旧经验的交互而成，世界的本质是"建构"出来的，除此，并没有现成而静止的客观世界存在。"跨界融合"本身是一个建构的过程，并且是建构出一套新颖的，甚至是多少带有些个人理性与文化质感的学科观察、认识与理解维度。

"共存共生，跨界融合"这两个短语不仅强调了生物和环境之间的互动（地理学的核心主题），还突出了地理学的跨学科本质，反映了现代地理学是一个涉及多方面、多层次的综合学科，涵盖了地理学的自然和社会两大分支，以及它们与其他学科的融合。这与课程标准提出的学科素养要求完全吻合，也与邱磊老师的个人因素相吻合。这些年来，邱磊老师就是在"共存共生，跨界融合"的教学理念指导下行走并取得令人嘉许的成绩的。理科层面，他与北京博雅云课堂合作，形成20节的"光之穿越"课程，取得了一定的反响；另有20节的"水之物语"课程，正在推进中。学科层面，与华东师范大学地理课程基地合作，参与撰写"地图上的新中国"成就；与专业出版社合作，开发出版了《古诗词中的地理课》。

教育主张的内生力量：个体认知与共识协调一致

陕西省宝鸡市宝鸡高新区宝鸡高新凤师实验小学于 2021 年 9 月正式开学，管委会选派高级教师、陕西省督学、陕西省优秀教育工作者、特级教师、教学名师、领航校长培养对象李晓萍老师担任校长。

建校之初，李晓萍校长就邀请了一批业内同行为学校谋划办学理念与学校文化架构。承蒙李校长信任，本人也忝列其中。除了参与了几次线上的研讨以外，2023 年 5 月、2024 年 1 月，我还应李晓萍校长邀请先后两次到该校，就课程建设与实施及学校的教育主张、办学主张、教学主张做了相对深入的诊断性评估。

经过反反复复的会商讨论，大家一致认为应该以"做收获幸福的教育"为学校的教育主张，以"办激励成长的学校"为学校的办学主张。他们认为学校开办虽然只有两年多的时间，但这期间李校长就是本着"让孩子在学校里幸福成长"的教育理念带领全体教师激励学生全方面成长的，老师们在教学中，坚持"学为中心"的立场，尊重每一位学生的个人差异，全面关注每一位学生的课堂学习表现，采取一切有效的手段激励学生的学习进步。不仅学生在学习中收获着成长的喜悦，老师们也在学生的成长中收获着职业的幸福。

2024 年第一场大雪后，2023 年暑期刚刚毕业的梁峰老师，被大半个操场的孩子追着跑。男孩子、女孩子，高年级、低年级的孩子都喜欢这个阳光的大男孩。他说"袖子、领子、兜里都是雪，很冷，但是心里很热"，因为他"感受到做教师的幸福"。

同样是打雪仗，孩子们的感受更鲜活。一个二年级的孩子开心地说："好喜欢下雪！因为满操场同学追着老师跑，同学追着同学跑，老师追着同学跑，老师追着老师跑。"

有学生一边在翻翻乐的墙边玩，一边说："校长，你咋这么有童心呢！我都不想毕业了。"

用李校长的话说，上述这些主张都是这所学校在两年多的办学进程中内生的，是师生们的共识，而非别人塞进来的。

我想说的是，我们这些别人，充其量不过可以发挥一点"旁观者清"的作用。最终怎么表达，还是他们自己的事。

自我认同与言语呈现的一致性

"情动于中而发之于外"，一位教师只有爱上教育教学，才能理解教育教学，才会慢慢形成自己的教育教学主张。如果自己对教学没有独到的理解，只是为了什么名头的要求硬生生地"提炼"出一个什么主张，难免会"为赋新词强说愁"，甚至任凭专家指点，不去审视这样的指点是不是自己内心认同的。

一位教师只有对教学有真正的理解和热爱，才能深入地了解学生的需求和学习过程，积极思考如何有效地传授知识和激发学生的学习动力。

每位教师都有自己独特的教学风格和理念，这是基于其个人的教学理解和经验所形成的。一位教师如果没有真正地理解和认同自己的教学风格和理念，仅仅为了某个名头或要求而提炼出一个教学主张，最终可能就只有造词了。

一位教师如果没有真正认同自己的教学主张，自然会盲目追求外部的指导或要求，而不去审视自己内心是否认同，因为他根本没有自己的教学信念和热情，也就无所谓认同不认同，能交差，或者早点交差就行。这就是我们总是会看到那些无厘头的教学主张横空出世的主要原因。

热爱且愿意研究教学的老师才可能对教学有独到的理解和认识，才能不断地进行教学的改进和创新，才可能形成符合教育规律，具备学科特质的属于自己的独特教学主张。譬如前面谈到的张剑平老师。

一个人的认知体系越完整，越强大，他就有机会走得越远。认知体系对个人而言是一套知识框架。当一个人有了自己的一套完整的知识框架，他就不会人云亦云。任何一位教师对自己所教学科的认知与行为都是他的知识框架使然。任何一门学科的教学，其最终目标都需要帮助学生建立完整的知识框架，数学是逻辑结构和思维方式的培养，语文则是语言的建构与运用、文化素养、审美情趣和批判性思维能力的提升。

建立一个有效的认知体系并非一朝一夕的事情。教学不仅是知识的传递，更是灵魂的激荡。教师的热情可以点燃学生的学习兴趣，激发他们的求知欲望。教师的态度直接影响到教学效果，积极乐观的态度能够营造出积极向上的课堂氛围，让学生在轻松愉快中学习。

然而，热情和态度只是起点，教师还需要通过不断的专业发展得到充实和提升。如前所说，有效的教学离不开坚实的理论基础。教学是一个动态的、慢工出细活的过程，需要教师和学生共同努力和配合。真正的教学并不仅仅是将知识从一方传递到另一方，而是如何引导学生、鼓励学生去独立思考，教师往往就在这个过程中施展教学的艺术、享受教学的乐趣。这需要教师具备深厚的专业知识，灵活的教学策略，以及对学生个体的敏感度。只有这样，才能发现和顺应学生的学习需求和特点，以便量身定制教学方法，切实提升学生的学习效果和兴趣。然而，这对教师来说是一个巨大的挑战，需要教师具备一套完整的知识框架。也就是前面谈到的《透视课堂》一书中的观点，要把科目知识和行动系统知识结合起来思考，尤其要重视对行动系统知识的系统研究，如此才可能提炼出符合教学常识的教学主张。

做教师的首先需要深入理解所教授的课程和内容，了解其逻辑结构、重要观点和关键概念，才能有效地实施教学。这个框架除了学科知识之外，还应该包括对学生心理的理解：教师需要掌握儿童心理学的基本知识、反馈评估理论与技术、教学方式和策略、有效沟通和互动的技巧、灵活性和创新能力等。理解学生的发展阶段特点、注意力集中能力、记忆方式等，可以为设计适合学生的教学活动和方法提供参考。掌握多元化的教学方式和策略，如直接教学、探索式学习、协作学习等，才能应对不同的学习情境和学生需求。了解学生的学习状况并进行反馈，是优化和改进教学的重要依据。教学中教师需要在了解学生学习情况的基础上做出有效评估，包括形式和非形式的评价方法。

教学关系本质上是人与人的关系，教师需要具备有效的沟通技巧，既要与学生进行有效的教学交流，也要为学生提供反馈，同时还要能够建立良好的师生关系。为确保每个学生的发展，教师必须认识到每个学生都是独特的，没有一种教学方法能适合所有学生。教师需要掌握丰富的教学方法，灵活调整教学策略，以及在教学过程中持续创新。

理论知识与实践技能的结合是教师专业化发展的核心。教师需要将理论知识应用到课堂教学中，通过观察、实验、调整，不断优化教学方法。反思是这一过程中不可或缺的部分，它要求教师在教学后思考哪些方面做得好，哪些需要改进，为什么这样做，如何调整策略以达到更好的教学效果。

教学本质的坚守要求教师不仅要传授知识，还要关注学生的全面发展，包括思维能力的培养、情感态度的形成、个性特长的发展等。这需要教师有足够的定力，不被短期的教学困难或外界的诱惑所动摇，始终坚持以学生发展为宗旨的教学理念。教育环境是多变的，政策调整、社会需求、家长期望等都可能对教育产生影响。教师需要在这些外界因素中寻找平衡，保持对教育本质的关注，不断调整教学策略以适应变化，同时保持对学生学习和发展的关注。

构建一个有效的认知体系是教师专业成长的必经之路。通过不断地学习、实践和反思，"从文本到实践，从实践到文本"的不断迭代，方能建立起坚实的理论基础，形成稳定的教学定力，在教育实践中保持专注，促进学生全面而深入地学习，实现教育的终极目标。这个过程可能漫长且充满挑战，要有耐心和热情，愿意投入时间和精力，更需要定力，才能进入"任尔东西南北风""咬定青山不放松"的境界。

第十节　教学主张表述：简洁而精准

　　某小学名师提出"亲历教学"这样的教学主张，我理解这可能是指强调学生通过亲身参与和实践来学习的教学理念，让学生通过直接地体验和实践，去理解知识、形成技能，发展问题解决和批判性思维等能力。将"亲历"之类作一个标签或缩写，提升到教学主张的层面，意味着需要将其从具体的教学实践中抽象出来，形成一套完整的教学理念体系。如果没有对"亲历"的系统全面的阐释，对照"亲历"，就只是一种观念或定位，最终还是教师对教学目的和手段的审视，决定了受众对"亲历"的理解和态度。我不理解的是为什么不用大家基本熟悉的"体验"，而非要用一个让人费思量的"亲历"来表达，是不是这一"亲历"就显得比"体验"高明呢？我固执地认为教学主张思考和回应的是"为什么教（学）""教（学）什么""怎么教（学）"的问题。所以，我还是觉得"亲历"之类的主张表述是有必要商榷的。

一个词或一个短语很难准确而完整地呈现
一个人的教学理念体系

类似这样的表述，让我想到沈曙虹先生在《办学理念策划十讲》中关于"核心概念策划"的一段表述：

> 核心理念既是对学校所有办学思想的最本质的抽象，同时它也是一个具体的概念，也就是说它可能是一两个词组、一两个词甚至只有一个字。这里顺便说一下，为什么要将核心理念表述为概念，而不是一个判断短句或者一段文字。因为逻辑学上有一个基本定理：内涵越大，外延越小；反之，内涵越小，外延就越大。我们前面才说到统领性的问题，如果用短句或句组，要表达的内涵就增加了，那么它的涵盖面就可能受到影响；要体现出最广泛的统领性，要进行最本质的概括，最好的表述方式就是用概念，就是用词或词组。①

沈先生认为"最好的表述方式就是用概念，就是用词或词组"，"而不是一个判断短句或者一段文字"。首先我要说的是，为什么说用词或词组甚至一个概括学校文化核心概念的说法是欠妥的？词和词组、字属于语法范畴，是语言中的基本单位，用于表达具体的事物、动作、状态等；而概念是人类所认知的思维体系中的构筑单位，属于逻辑范畴，是思维和理解的基本

---

① 沈曙虹.办学理念策划十讲［M］.上海：华东师范大学出版社，2019：57.

单位，用于表示抽象的思想、观念、关系等。

学校文化核心概念通常是复杂且抽象的，涉及多个方面和层面，仅仅使用一个词或词组可能无法准确地概括和传达其丰富的内涵。例如，学校文化的核心概念可能包括教学理念、价值观、教育目标、学习氛围、师生关系等多个要素，而仅使用一个词或词组无法完整地表达这些内容。使用一个概括性的表述也可能导致歧义和误解，不同的人对于同一个概括性表述可能有不同的理解，因为概括性表述往往缺乏具体的细节和定义，容易产生多种解释。

词和词组作为概念出现时，需要在适当的语境中使用，以确保表达的准确性和清晰度。词和词组作为概念出现时，需要考虑其所处的上下文。上下文可以提供有关的信息和限定，帮助我们准确理解概念的含义。如果我们将"精神文化""制度文化""物质文化""行为文化"这些词组放在"文化建设"语境中，它们就是概念了，因为它们是指代文化不同方面的抽象概念，是文化建设的重要组成部分，并在文化建设语境中具有明确的含义和内涵。使用词和词组作为概念时，应提供相应的定义和解释，以确保读者或听众对概念的理解与作者或讲者的意图一致。

也就是说，必须给"文化建设"下个基本的定义。或者通过提供示例和说明，帮助读者或听众更好地理解概念的含义和用法。也可以通过比较、对比、类比等方式与其他相关的概念进行关联，以进一步阐明其含义和作用，以确保概念的准确理解和有效传达。譬如，文化建设是指在特定社会和历史条件下，通过各种形式的文化活动和实践，旨在推动社会文化发展、提升民众精神文化素质的过程。它涉及社会制度、价值观念、文化创造和传播等方面。将"精神文化""制度文化""物质文化""行为文化"这些词组放在"文化建设"语境中，并将其视为概念，做简单的阐释，可以帮助人们更好地理解和推动文化建设的全面发展。将这些文化概念与"文化建设"进行关联，可以帮助人们更好地理解和实施文化建设的目标和任务。如果换为"学校文化建设"，其概念的内涵与外延则会发生改变，这对学校文化建设指导专家而言，本应该是不言而喻的道理。

还有，在汉语中，"字"是书写的最小单位。字通过其具体的音形意来传递意义，在语法学上称为"语素"，"语素"是语言中最小的具有意义的单位。譬如"人"这个字，就是一个语素。语素分为自由语素和虚拟语素两种，自由语素可以独立使用，它们可以单独构成词；虚拟语素则不能独立使用，需要附着在其他语素上才具有意义。"玻璃"一词中的"玻"和"璃"两个单字就只表示读音，不表示意义，两个字合起来才有意义，才是个"语素"。"人"既可以作为一个独立的词存在，也可以与其他语素组合构成新的词，如"男人""女人"等。词是能够独立语用的有音有义的语言单位，但字本身并不直接表示抽象的思想和观念，而要在特定的语境和语言规则下才能表达具体的概念。譬如，"人""男人""女人""玻璃"。词义中同表达概念有关的意义部分叫作概念义，譬如，"男人""女人"中的"男"和"女"，在于说明"人"的性别及生理差异。

重要的是，这段表述中涉及了两个问题：核心理念的表述方式，核心概念内涵和外延的关系。

沈先生认为，逻辑学上有一个基本定理，即内涵越大，外延越小；反之，内涵越小，外延越大。这并没有错。然而，这个基本定理并不适用于核心理念的表述方式。核心理念的表述方式应该根据具体情况而定，重要的是要完整而准确地申述其内涵。一个短语、一个简短的判断句或一段简短的文字可能更能准确地表达一个核心理念，而一个词、几个词或词组在许多情况下则不然。譬如"让学生在学校幸福成长"这个短语就不可能缩减为一个词组或词来替代。

沈先生错误地将"核心理念"的表述方式与内涵和外延的关系混淆了。核心理念应当是学校所有办学思想中最本质的、抽象的，应当具有广泛的涵盖面和统领性。认为如果用短句或句组来表述核心理念，其内涵会增加，外延会减小，因此无法体现广泛的统领性，这种观点实际是建立在用词或词组来表述可以保证内涵最小化而外延最大化的错误假设上的。实际上，表述的简洁与否并不直接决定概念的内涵和外延，概念的内涵和外延取决于表述的准确性和清晰度。

以"人"和"男人"这两个概念为例，在这里，"人"的内涵可以包括智慧、情感、社会性等人类共有的特征。而"男人"的内涵则是在"人"的基础上，包括具有男性生理特征、性别认同的男性等特征。去掉了"男"就没有"男人"的概念意义了。

概念的外延是指概念所涵盖的事物范围。"人"的外延非常广泛，包括所有人类，不论性别、年龄、种族等。而"男人"的外延则在"人"的范围内，特指具有男性生理特征和性别认同为男性的人。

内涵决定了一个概念所包含的特征和属性，而外延则决定了概念所涵盖的事物范围。不同概念之间的内涵和外延会有所不同，这取决于概念本身的定义和范围限定。因为这一规律，人们在使用概念时不得不用"概括"——减少内涵，扩大外延，或者用"限制"——增加内涵，缩小外延的逻辑方法来精确思维和表达。一所学校的核心理念区别于另一所学校，如果不加限制怎么区别，加了限制怎么可能是一个短语或一个词组？

在探讨如何用简洁的词语或单个汉字捕捉一种文化的核心理念时，我们必须确保所选的词汇或汉字能够为大众所广泛理解。例如，"礼""道""和""水"以及代表"岁寒三友"的松竹梅，这些词汇不仅学术内涵丰富，也在日常生活中被广泛用来体现特定的价值观和行为规范。它们作为文化的标志性符号，几乎为所有人所熟知，易于理解，不会引起歧义。

然而，某些词汇如"润"，尽管在中文中具有积极的含义，如"润泽""润物细无声"，但它们并未像"礼""道""和"那样深入人心，成为文化核心的普遍标识。因此，用"润"来代表文化核心可能会遭遇理解和接受的障碍。"和润"则不然，它不仅传达了和谐共生的价值观，还体现了温和与滋养的品质，这样的词汇更容易与公众对文化核心概念的期待产生共鸣，至少能够让人联想到"水"文化的意象与"和"文化的内涵。

在选择能够代表文化核心概念的词汇或汉字时，应考虑以下几个关键因素。

普遍性：所选词汇或汉字必须在广大民众中具有广泛的认知度和接受度，易于理解，能够成为文化认同的一部分。

文化内涵：应承载丰富的文化意义，反映文化的深层价值，具有多层次的含义，能够从不同角度激发对相关文化内涵的联想。

历史传承：最好拥有悠久的历史和传承，是长期文化沉淀的结果，与广泛接受的文化价值观和传统相呼应。

价值观念：应与当代社会的价值观念和文化发展相适应，具有跨时代的生命力，能够引导人们的行为和思想。

表达清晰：含义明确，不易产生歧义，便于内化和传播。

同理，教学主张的表达也可以尝试将核心理念浓缩为具有强烈指向性的短语或句子，以便快速传达核心思想。但这样的简化同时带来了挑战，因为很难通过简短的表述完整无遗地呈现一个人的教学理念体系或认知框架。尽管如此，精心设计的表述可以尽可能地捕捉到教学理念的复杂性，同时为读者提供清晰的方向和深刻的理解。

阐述教学主张时，需要在简洁性和表达的完整性之间找到平衡

前面谈到，英文"The teaching idea of English teachers is to realize the firm teaching belief in the process from application practice to transfer innovation on the basis of learning and understanding"，浓缩一下可以是，"Applied Learning to Innovative Teaching"。缩写为几个字母可以是"ALIT"。但在中文语境下，要用一个句子或词语准确表述教学主张是有挑战性的，前面反复说过，教学主张通常包含了对教育理念、目标、内容、方法和评价的全面考量。但是，我们可以通过精心设计的语言来尽可能地捕捉这种复杂性，这通常需要对所选择的词语进行深思熟虑，以确保它们能够尽量全面地反映教学主张的各个方面。

支玉恒老师的 12 个语文教学主张大多是用一个句子表达

的，有的还是几个句子。比如，"语文教学要十分重视语文学科的整体性，大到学科的性质和结构，小到一篇文章，都要使学生有一个通观全局的把握"。还是一个蛮长的句子，但这个主张强调的是语文教学的整体性，既要关注学科的宏观面貌，也要关心具体教学内容的细节。支玉恒老师的这种表达方式体现了他对教学主张细节的重视，每个词语都是精心选择的，以确保每个部分都能够清晰地传达他的教育理念。这样的句子虽然长，但内容丰富、含义明确。

如果将支玉恒老师的这个教学主张浓缩成"整体性语文教学观"也不是不可以，但是，任何浓缩都会流失原本丰富的信息中的部分甚至关键部分，因此理解"整体性语文教学观"时通常需要额外的解释或上下文。

几个句子的，比如，"语文学科是人生各项学习中最具基础性和工具性的学科。它的最基本、最直接的教学目标，是让学生学会母语，掌握并运用祖国语言文字。语文工具性和人文性的统一，就是要统一在语言文字的教学上。把握了语言文字，其内在的人文因素就自然而然地凸现出来了"。（凌宗伟注：按照新课标的表述"母语"应改为"国家通用语"）

将这个较长的教学主张压缩一下可以分别是：

语文教学的根本在于掌握和运用国家通用语，同时融合其工具性和人文性，通过语言文字学习，自然展现人文精神。

语文教学旨在提升学生语言的建构能力，理解其内在的人文价值。

这两个句子尝试保留原有教学主张中关于语文学科基础性、工具性和人文性的关键要素，并凝练成一个简洁的表述。然而，依然不可避免地丢失了一些细节，因此理解这句话时仍然需要对原始教学主张有所了解。

在阐述教学主张时，教育者往往需要在简洁性和表达的完整性之间找到平衡。一个完整的句子或者一组词语，尽管较长，但可以提供足够的信息，确保理念被全面理解。这种表述方式有助于避免误解，并为读者提供了更多的上下文信息，以便更好地理解主张的深层含义。

我们可以乐观地认为"本然语文""语用语文""文化语文""感性语文""简约语文""青春语文""诗意语文""生命语文""有思想的数学""智慧数学""亲历教学"等简洁，但与"体验式学习""探究式学习""合作学习""小组学习"等相比，后者在教育领域内通常已经有了既定的含义和理解，能够概括教学主张的核心元素，还是不一样的。即便如此，读者或听者要完全理解"探究式学习""合作学习""小组学习"，也需要对这些术语所代表的教育理论和实践有所了解。你又如何能够让读者或听者在看到或者听到"本然语文""语用语文""文化语文""感性语文""简约语文""青春语文""诗意语文""生命语文""有思想的数学""智慧数学""亲历教学"这些词语时就能大致了解你的教学主张的核心要义呢？

下面是本人在同陈日亮老师微信上聊及"本然语文"的教学主张时，陈老师的原话：

在语文前加上××的定语，有一段时间成为风气，我是不以为然的。语文一旦被限定为某某的性质，就容易窄化和曲解。但是为了纠正或反对某种倾向，特别强调有拨乱反正的必要，临时加个定语来修饰一下主张，只要不将它作为基本理念或统一思想来推行贯彻，也不妨宽容一点看待。应老师当年是被动地因培训方要求结业时需要有个概括性的语文教学主张，而只能匆忙地用了"本然语文"一语，不过他对语文教学中出现的"非本然""反本然"的错误倾向也是一向自有看法的，力主应该回归叶老的"本然"观，把语文教成真正的语文课，即本然的语文。我是认同他的初心的。我也赞同您所说的将理解转化为实践（践履）是最重要的，仅用"本然"则有不全之嫌，而在语文教学中，理念好懂，践行为难。不能践行，实际上也可能就根本没有真正弄懂理念。叶老用"贵穷"二字是大有深意的，我们今天有多少人敢说对"何为语文"都已"穷通"了？我自己也不敢拍胸脯啊！我看，不说"本然语文"，就说按照语文本来的样子学语文用语文和教语文，也许更容易理解接受吧。

我对陈老师的这番话完全认同，尤其认同"按照语文本来的样子学语文用语文和教语文"这一观点。这个句子与"本然语文"相比一看就明白，强调的是遵循语文学科的本质特点及其传统的教学方法和内容来学习、应用和教授语文。而"本然语文"给人的感觉可能是个新的词汇，需要解读才能明白它的具体意思。

前面也谈到，"科技创新视角下的物理教学创新"这一主张表述如果缩减为"科创物理"似乎也不是不可以，但与"科技创新视角下的物理教学创新"相比，"科创物理"就显得更为模糊和广泛。虽然便于快速传达和记忆，但在信息的准确性和详细程度上会让人费解。

首先，它没有明确指出教学的哪些方面将会被创新，如教学目标、方法、评价或环境等。其次，这个短语可能会被误解为物理学科的科技创新，而不是指教学方法的创新。"科技创新视角下的物理教学创新"的表述为读者提供了一个明确的框架——创新是在"科技创新视角下"的，暗示了教学的创新不仅仅是随意的改变，而是基于对当前科技趋势的理解和应用。再次，在教育专业领域中，具体详细的术语有助于精确交流复杂的概念，而"科创物理"可能无法传达出原表述中的专业性和深度。如果听众或读者已经熟悉"科技创新视角下的物理教学创新"这一概念，那么使用"科创物理"可能是一个便捷的简称。作为一个教学主张介绍或与不熟悉该领域的人沟通时，使用"科技创新视角下的物理教学创新"这样完整的表述会更加清晰和有效。

要用一个句子或词语精确表述中文语境下的教学主张，需要找到能够涵盖教学理念、目标、方法和期望效果等多个维度的表达方式，并且这种表达方式在与之交流的社群中有共同的理解基础。但类似"'合·实'语文"则不然，因为它不具备社群共识的基础。如前所说，即便叶圣陶这样的前辈，也是用的一组短语来表达教学观点的。

譬如，"我的教学主张是以学习为中心，倡导探索性和协作式的教学方法。我致力于激发学生的兴趣和积极性，同时培养他们的自主学习能力和合作精神。我通过设计丰富多样的教学活动，鼓励学生积极参与和主动探索，借助即时评价，我为他们提供及时反馈，帮助他们了解自己的学习进度和成绩，以便他们能够调整自己的学习策略和方法，实现学习的可见性"就显得相当冗长，我们可以试着慢慢地压缩："我的教学主张是推动学为中心、探索性和协作性的学习，通过多元活动和即时反馈，激发学生兴趣，提升其自主学习和合作能力，实现学习的可见性。""我主张学为中心、探索协作学习，通过多元活动与及时反馈，促进学习的可见性。""学为中心，探索协作，有效反馈，学习可见。""学为中心，探索协作，学习可见。"至此，这个表达就比较简洁了，能够让读者、听者明白个大概，也能达到快速传达核心思想，表达个人教学理念的目的。

　　我在同一位老师探讨语文教学主张表述时说，从紧扣语文学科特质与课程标准要求的立场考虑也可用"言语滋养生命，美文润泽心灵"来表述一种语文教学主张，这一表述并不只是表面嵌入了"语文"二字，让人一目了然，更重要的是紧扣了语文学科特质（言语与美文）和语文新课程标准的要求。"言语滋养生命"强调了语言的基础性和工具性，对应着"语言建构与运用"，呼应了语言表达与应用的教学目标。"美文润泽心灵"与"审美鉴赏与创造"相呼应，涵盖了鉴赏文学、美的表达与创造、增强对祖国语言文字的美感体验等教学目标。"言语滋养生命"和"美文润泽心灵"也隐含了"思维发展与提升"的要素，因为语言的运用和文学的鉴赏都能促进思维品质的提升。在"文化传承与理解"的层面，通过语言和文学的学习，学生能够传承中华文化，理解多样文化，关注并参与当代文化，这与教学目标中的相关内容相契合。"言语滋养生命，美文润泽心灵"这一主张涵盖了语文教学应有的多个维度：听说读写以及背后的情感、态度与价值观，能够引导学生在语文学习的过程中全面发展；也与教师关注人性修养、重视在语文教学中滋养善美人性的价值取向相吻合。语文教育不仅仅关注知识的传授，更重视情感、态度与价值观包括批判性思维的培养。

一位好的教师应该能够用简单明了的语言解释复杂的概念，使学生能够理解和接受。换个说法就是要讲人话，讲人听得懂的话，用人听得懂的话讲人不能理解的道理，让人一目了然，豁然开朗。一个好的教学主张、办学理念，如果绕城八千里，故作高深，只能遭人厌恶。

教育的本质是传递和共享知识，而不是为了显摆自己的才华横溢。无论是教师、专家，还是编辑，都应该以简单、清晰的语言来传达复杂的概念和道理，而不应该追求晦涩难懂的大词丽句。故作高深，使用大词丽句，可能会让一部分人觉得专业和深刻，但你要搞清楚你面对的主要群体是些什么人。我常常会问一些校长、园长：校园里那些文字是写给谁看的？他们看得懂吗？如果看不懂，还有什么意义？

一定意义上讲，教育即传播，一个主张、一个理念的表述如果还要用一堆文字去诠释，就不利于传播，一位专业的教师首先应该坚持说人话，教学主张的表述更应该如此。这本来是很简单的道理，为什么就接受不了呢？

教学主张的表述不能违背基本的教育原理

我们强调教育表达，应该强调传播的目的和效果，以受众为中心，尽可能以通俗易懂的语言表达，才能达成教育的目标，让知识得到广泛的传播和理解。同时，也要提醒自己，一位专业教师说话时不能违背教育的基本原理，也不应该给人傲慢自大、目中无人的感觉。

浙江有一位颇有影响力的老师说他极力推崇"我就是教育"的理念。对此，我不敢苟同。尽管"我就是教育"这句话简明扼要，直抒胸臆，有感染力，能打动人心，也有助于传播，但"我就是教育"夸大了个体教育者的作用和影响，有违基本的教育原理。

教育是一个复杂的系统，涉及众多因素和参与者的共同努力。虽然个体教育者在教学过程中扮演着重要的角色，但教育的成功不仅仅依赖于一个人的努力。教育涉及学生、家庭、社会、教育机构等多个方面的因素，学生的个体差异、家庭背景、社会环境等也会对教育的效果产生影响。

教育的成功需要多方的合作和努力。教育机构的支持、教育政策的制定和执行，以及社会的价值观念等都会对教育产生影响。个体教育者在其中扮演着重要的角色，个体教育者可以通过教学方法、教育理念和日常关怀等方面的努力，对学生的学习和发展产生积极的影响。然而，个体教育者是整个教育系统中的一个组成部分，需要与学生、家庭、社会和教育机构等其他参与者合作，共同推动教育的发展和进步。每个人都有自己的责任和作用，但没有任何一个人可以独自承担整个教育的重任。

乐观地理解，说出"我就是教育"这句话时，表现的是自信和坚定的态度，是教师对自己的职业和能力的认可与自豪感。教师是学生学习的榜样和引导者，他们的言行举止、知识水平和价值观都会对学生产生深远的影响。一位好的教师能够激发学生的学习兴趣，帮助他们发现自己的潜能，并为他们提供必要的知识和技能。因此，教师是教育的核心，是教育成功与否的关键因素。

但从教育的基本原理审视，"我就是教育"这样的教育理念表达，至少违背了这样的教育基本原理。

教师是学生学习的引导者，而不是学习的中心。如前所说，教师不是唯一参与教育的人，教育是一个多主体的过程。"我就是教育"这样的教育理念把教育看作教师的个人行为，而不是一个多主体的过程，显然是不合适的。教育还应该是一个终身的过程，学校教育不是教育的全部。在学校，学生学习基础知识和技能，但在走出校园后，还需要不断学习，以适应社会的变化。"我就是教育"这样的教育理念把学校教育看作教育的全部，而不是一个终身的过程，显然也是不合适的。

类似"我就是教育"这样的表达还有："把课堂还给学生""教师就是课程""我就是课堂，课堂就是我"。教育常识告诉我们："正式的教育系统包含三个主要元素：课程、教师和考试。"约翰·哈蒂"研究比较了全球各地影响学生学业成就的因素，列出了其中 140 多种。在这些影响因素中，排在首位的是学生对自己的期望，而另一个最重要的因素则是教师对他们的期望"[1]。

片面强调"把课堂还给学生"和片面强调"教师就是课程""我就是课堂，课堂就是我"都是反教学的，因为它们都忽视了教学过程中各种因素的平衡和综合效能。

"把课堂还给学生"虽然强调了学生的主动性和参与性，倡导以学生为中心的教学方式，但如果过于强调学生自主学习，忽视了教师的指导和引导作用，则可能导致学生在学习过程中

---

① 肯·罗宾逊，卢·阿罗尼卡.让学校重生［M］.李慧中，译.杭州：浙江人民出版社，2017：109.

缺乏方向和深度，无法获得系统和有组织的知识与技能。

而片面强调"教师就是课程""我就是课堂，课堂就是我"则暴露出将教师过分地置于教学的核心地位，忽视了学生的主体性和个性化需求。如果教师将课堂视为自己的课堂，无疑会有意无意地将学生置于事外，限制学生的创造力和思考能力。

约翰·哈蒂的研究强调了教师的重要性，教师对学生的期望和激励对学生的学习成就有着重要影响。然而，这并不意味着忽视了其他因素，如课程设计、学生自身的期望等。教师的质量提高需要综合考虑多个因素，如专业知识、教学技能、与学生的关系等。

"教师的一个核心作用就是帮助学生学习。听起来这好像是废话，但是事实上，有很多教师正在被要求去做教学以外的其他事情。他们的大量时间都被考试、记录、会议、撰写报告和处理学生纪律问题占据了。你可能会说，这些本来就是教师工作的一部分。确实如此，但是这些工作的最终目的还是为了教师最本职的工作，帮助学生学习。如果因为那些事情模糊了工作重心，那么教师的真正角色也就模糊了。"[①]

具有专业精神的教学中，要综合考虑学生的主动性和教师的指导作用，在注重师生关系平等的同时，教师应该关注学生的个体差异和需求，根据不同学生的特点和能力提供个性化的指导和支持，同时也要激发学生对学习的兴趣和动力。只有平衡地关注和发展学生与教师的相关因素，才能实现真正有效的教学。

---

① 肯·罗宾逊，卢·阿罗尼卡.让学校重生［M］.李慧中，译.杭州：浙江人民出版社，2017：109–110.

问题是"课程标准运动的重点通常放在课程和考试上，教师只是被看作践行标准化运动的渠道。但这种优先级顺序完全搞反了，无论课程设计得多么详尽、测验成本多么高昂都不重要，教育改革的关键应该在提高教师质量上。与班级规模、社会阶层、物理环境和其他资源相比，想要提高教学质量，更重要的是想办法激励学生学习，而这正是那些杰出的教师们所做的事情"①。

　　教育改革的关键在于提高教师质量。与班级规模、社会阶层、物理环境和其他资源相比，教育改革应该更加注重培养和支持教师，提供他们所需的专业发展机会和支持，但并不意味着教师就可以恣意妄为。教师在教学中应该遵守专业的教育伦理和道德准则，尊重学生的权益和需求，提供公正和平等的学习环境；应倾听学生的声音，根据学生的特点和需求，选择合适的教学方法和策略，鼓励他们的参与和合作；还应该与学校和家长保持有效的沟通与合作，共同关注学生的学习和发展；更应有持续的专业发展，不断更新自己的知识和教学方法，以适应不断变化的教育环境和学生需求。

　　所以，片面强调"把课堂还给学生"和片面强调"教师就是课程""我就是课堂，课堂就是我"这样的表达都是反教学的。

　　综上所述，教学主张的表述首先要符合基本的教学原理，要简洁明了地表达某种普遍认可的教学原则，或者是带有明显的个人色彩的对某一学科教学的理解。同时，教学主张的陈述要尽可能通俗易懂，让人一目了然，且具开放性、适应性、灵

---

① 肯·罗宾逊，卢·阿罗尼卡.让学校重生［M］.李慧中，译.杭州：浙江人民出版社，2017：109.

活性。某种意义上说，教育即传播，一个主张的表述如果还要用一堆文字去诠释，就不利于传播。一位专业的教师首先应该坚持说人话，教学主张的表述更应该如此。

顺便说一下，我以为"共生课堂""智性课堂"之类作为介绍教学主张的文章标题是可以的，但作为教学主张的表述则不妥。"共生课堂""智性课堂"之类更多表达的是一种课堂的形态和组织方式，自然与它们背后的教学主张有关，但并不是教学主张的陈述。

教学主张的表达应遵循的原则

顺便说一下，一个教学主张的表述，应确保避免可能被人误解或调侃的谐音，以保持专业性和严肃性。譬如，我看到一个"'合·实'语文"，联想到山东那个"儒房地产"，于是调侃了一下：拜托，拜托！尽管从字面上看，"合·实"可能强调合作务实，语言表达的精准性与简洁性是传递思想、阐述教学主张的首要原则，是一位教师专业素养的基本表征。像"合·实""儒房"这样一些特殊的表达方式往往潜藏着被误解的风险。即便是为了幽默，为了达到追求的传播效果也应当保持警惕，避免不适当的表达引起不必要的误会。恰当和敏感地使用语言不仅可以促进他人的理解，也表达了对他人的尊重。在专业领域内，使用公认的专业术语可以提高表述的准确性和权威性，要尽量避免使用可能产生多重含义的词汇。同时还要考虑目标受众，使用他们能够理解的词句；尽量使用简洁的语言，避免冗长和复杂的句子结构，以减少误解。"'合·实'语文"的例子，如果是为了强调合作和务实，可以考虑使用其他更直接的表述方式，如"合作与务实的语文教学法"或"协同务实的语文学习策略"，这样的表述方式既清晰地传达了特定的语文教学主张，又避免了潜在的歧义。

作为一名语文教师，当你表达教学主张时，务必确保所使用的语言是明确无误的，并避免使用可能产生歧义或误解的表达方式，以清晰、简洁的表达方式，在受众面前保持专业的尊严。

最后说一下，教学主张表达的首要原则是清晰、简洁，除此以外，还应该遵循以下原则。

1.明确性：采用定义清晰的术语，明确表述每一个概念的含义，避免使用可能引起歧义的词汇。

2.专业性：专业术语的使用可以增强论述的权威性，确保这些术语对于目标听众是熟悉的。

3.适当性：考虑到听众的背景，使用适合他们知识水平的语言。对于中小学教师而言，使用过于学术化的语言可能会导致听众理解上的障碍。

4.简洁性：简洁的表达有助于听众更好地理解和记忆信息。避免使用冗长的句子和不必要的复杂的句子，这有助于保持听众的注意力。

5.避免双关与谐音：在选择词汇时，要考虑到它们可能的多重含义，确保所用的词汇在上下文中不会引起误解。

6.尊重性：使用尊重和包容的语言，避免使用可能被视为冒犯或不恰当的词汇。这有助于营造一个积极的沟通环境。

7.逻辑性：确保主张的逻辑连贯，论点之间有清晰的联系。

8.证据支持：提供充分的证据来支持你的主张，这可以增加说服力。

9.适应性：根据不同的教学环境和学生的需求，尤其是个人专业理解的深入，灵活调整主张的表述。

千万别在教学主张的表达上玩噱头。它的表达应当慎重、深思熟虑，并且能够经得起实践的检验和同行的推敲。虽然华丽的辞藻和复杂的术语可能会让你的教学主张看起来更引人注目，但这并不能掩盖你对教育本质缺乏了解的实质。如果你的言辞让人费解，那只会显露出你的自负与浅薄。就像一位建筑师如果只注重外表的装饰而忽略基础结构的重要性一样，一位教育者若只追求文字的华美而忽略教学主张应有的深刻内涵和指导作用，那只是在虚假的外表下掩盖其对教学本质不理解的一面。教学主张应该清晰明了地呈现一个人对教学的理解，一旦沉溺于华丽辞藻和晦涩表达，必然会招致怀疑和批评。

本章小结

本章主要从教学主张提炼的不同视角，阐述了提炼一个理想的教学主张的八个视角，以及如何处理好专家指导意见与个人教学主张提炼的关系，谈了我个人对如何以精准的语言陈述教学主张的建议。我认为尽管教学主张的提炼可能有种种不同的视角，但有一点是必须坚持的，那就是教学主张一定是自己的，在自己的教学理解的基础上慢慢凝练与明晰的，专家意见可以参考，但要避免在专家意见的影响下丢了自己的主见。

一位好的教师应该能够用简单明了的语言解释复杂的概念，使学生能够理解和接受。

教育表达，应该强调传播的目的和效果，以受众为中心，尽可能以通俗易懂的语言表达，才能达成教育的目标，让知识得到广泛的传播和理解。一位专业的教师首先应该坚持说人话，教学主张的表述更应该如此。

当然，我们也要提醒自己，一位专业教师说话时不能违背教育的基本原理，也不应该给人傲慢自大、目中无人的感觉。

第三章

教学主张是理论与实践的桥梁

本章导读

作为一位从事教学与教学管理及教师培训累计 40 多年的教师，我认为从价值论与功能视角思考教学主张是必要的，我今天的认知是："教学主张是从理论到实践的桥梁"。强调所谓教学主张的"桥梁"功能，其实是强调教学主张是用来指导教学怎么"做"的准则。不可实施的主张不要也罢。

教学主张作为理论到实践的桥梁，在学理性上体现了教育理论的指导作用。如皮亚杰的认知发展理论、维果茨基的社会文化理论等，提供了教育的基本框架和原则，指导教师理解学生的学习过程和心理发展。这些理论帮助教师构建对学生学习过程的深刻理解，从而能够设计出更有效的教学策略和方法。

在逻辑性层面，教学主张可以将抽象的教育理论转化为具体的教学实践。教育理论往往是高度抽象的，而教学主张则是这些理论在现实教学场景中的具体应用。约翰·彼格斯的 SOLO 分类理论可以指导教师将"教—学—评"一致性要求落到实处。

从实际的教学发生场域看，教学主张必然成为理论和实践相结合的关键。在教室里，理论需要通过教师的具体教学行为来实现，这包括课程设计、教学方法选择、学生评估等多个方面。教师通过反思自己的教学实践，不断调整和完善教学主张，这个过程本身也是对教育理论的检验和发展。例如，实施差异化教学策略需要教师在实际教学中观察学生的反应，根据学生的具体需求调整教学方法和内容。

教学主张作为理论与实践的桥梁，也是一个持续的反馈和迭代过程。教师在实践中遇到的挑战和成功经验，可以反馈到理论研究中，促进教育理论的发展和完善。同时，新的教育理论研究成果也可以再次指导教学实践，形成一个动态的、互相促进的循环。

教学主张的有效性不仅体现在其在教学实践中的应用，更体现在将教育理论转化为实践运用的智慧上。例如，约翰·彼格斯的构建一致性教学理论强调了课程设计需遵循预期学习成效、教学活动、评价任务、成绩评定之间的一致性。如何将这一理论运用到具体的教学实践中，确保其教学主张与教学实践相一致，提高教学效果需要的不仅是知道，更是理解，是运用，是创造性的实践。

从教师作为研究者的立场审视，具有专业精神的教师应以研究者的角色审视自己的教学主张，在教学实践中检验和完善其教学主张。例如，通过行动研究，可以在自己的课堂上试验新的教学方法，收集和分析数据，以评估这些方法的有效性。此外，还可以通过参与专业社群和学术会议，与同行分享经验，获取新的教育理念和策略。通过这种实践与理论的结合，教师不仅能够提升自己的教学技能，或许还能够对教育理论做出贡献，推动教育理论的进一步完善，促进教育实践更为科学，更讲究艺术。接下来我将以"目标导向，任务驱动，尊重差异，当堂进阶"主张下的课堂教学为例详细讨论这个话题。

第一节　为什么提"目标导向，任务驱动，尊重差异，当堂进阶"的教学主张

　　这些年中小学在课堂教学改革中做了不少努力，多多少少也取得了一些成效，但综观那些颇有影响的成功案例，虽然这些模式的背后也有一定的教育理论或者教学理念的支撑，但总体而言大多是聚焦在课堂"教学模式"的探索上的。我们不否认教学应该有基本的模式，但如果用某一固化的模式要求所有的学科、所有的老师和学生则是有违教学基本原理的。有效教学的实施，很大程度上取决于教师个人的教学理解，有怎样的理解就有怎样的教学行为。社会学研究理论告诉我们，观念改变，行为改变。想要使更多的教师在有效教学上有所成功，关键是要引导他们在基本的教学原理支持下改善教学观念，改变教学行为，而不是简单地以某种固化的教学模式强制他们改变行为。

　　教学的有效性往往取决于教师预设的教学目标、任务以及相关的教学活动是否兼顾课程标准与教材规定的"应知应会"与学生的实际可能，这是我一直以来关注的一个教学的基本问题。2014 年我与几十位农村中学语文老师一起探讨教学设计与

教学效益的关系时就提醒他们高度重视教学目标的设计与陈述，同时提醒他们关注如何围绕教学目标考虑教学任务的分解及学习活动的组织指导，并高度关注不同学生在学习进程中的差异，帮助不同水平的学生取得相应的学习进步。

后来应邀给一些区域的中小学做一些入校的教学指导，2016年我们提出了"目标导向，任务驱动，尊重差异，当堂进阶"的教学理念，并与一些同行在一些学校开展了具体的实践探索。我们的基本认知是，教学效果如何看学生的达标情况，达标情况依赖于具体的教学活动，更有赖于目标是否贴近学生的实际水平，学生和学生的知识基础与学习行为是不一样的，所以教学目标与学习任务就要尽可能从不同学生的学习需求出发，如此才能看到更多的学生的学习进步。里夫斯认为教学目标是"关于学生经过某次课和单元教学后应该知道什么和能做什么的阐述，这些阐述向学生指出了该课教学所欲取得的学习结果"。马扎诺的学习目标是"关于学生将要知道什么和做什么的阐述"。我们认为，教学目标就是学生学习需要达到的基本要求，或者说是教学要达到的基本要求，也就是具体的导向。所以，教学的改善必须从认真对待教学目标的设定与陈述开始。

为什么是"目标导向，任务驱动，尊重差异，当堂进阶"

新西兰学者约翰·哈蒂在《可见的学习——最大程度地促进学习（教师版）》中说："真正对学生学习有作用的学校教育属性"是"使学习可见的'进程'属性"。"'可见'首先指让学生的学习对教师可见，确保教师能够辨析出对学生学习产生显著作用的因素，也确保学校中所有的人（学生、教师和学校领导）都能够清晰地知道他们对学校学习的影响。'可见'还指使教学对学生可见，从而使学生成为自己的老师——这是终身学习或自我调节的核心属性，这也是热爱学习的核心属性，而无论是终身学习还是热爱学习，我们都希望学生将其视为要务。'学习'是指我们如何去获取知识理解学生的学习，然后为学生的学习做些事情。"[①] 教师是教育过程的主要行动者，学校及教师必须为学生的学习负责任。无论是学校管理者还是教师，我们要做的、必须做的主要工作就是获取相应的教育教学知识以及学生是如何学习的必备知识，并将这些知识运用到实际的教学活动中，尽最大的努力为所有学生的学习提供恰当的服务，最大限度地促进不同学习水平的学生的学习进步。这不仅需要我们真正从学生视角去看待学习，还要从教学的立场看待教学，即教学如何才能促进学生的学习。综观教学设计原理、教育目标分类理论、差异化教学理论以及有效教学理论，尤其是脑神经科学研究的有关理论，我们以为"目标导向，任务驱动，尊重差异，当堂进阶"的教学理念，是可以帮助学校管理者及教师改变教学观念，改善教学行为，探索各校及各自激发学生学习的热情，为学生的终身学习奠基的路径与策略。

目标是预设的学习结果，任务是走向目标的路径

有效的教学设计及活动取决于合理适度的教学目标。

---

① 约翰·哈蒂.可见的学习——最大程度地促进学习（教师版）[M].金莺莲，等译.北京：教育科学出版社，2015：1.

"教学目标描述了我们想要学生学习什么，以及如何得知他们是否学到了这些知识。教学目标指向的是最终目的，而不是过程。规范的教学目标能够帮助教师认清他们想要学生学习什么，并能提供教学重点和方向，还可以指导教师选用合适的练习内容。通过教学目标，教师能够判断学生是否掌握了教学内容，以及教师的教学方法是否有效。教学目标还有助于教师关注并激励学生，同时，它也是教师与其他教师沟通的重要工具。"①可见教学目标还是教学反馈与评价的主要依据，还是教师在课堂上与学生有效沟通的桥梁与工具。问题是，我们不少教师及学校对教学目标的设计与陈述不够重视，有相当一部分教师教案上的教学目标是从教师指导用书或其他教辅资料上直接抄来的。我们认为教学目标的设定不仅关乎有效教学，也关乎教学评价，更关乎学生能否积极地投入到学习活动中来，所以马虎不得。

"目标导向"强调的是教学目标既是"教"的出发点也是终点，也是"学"的出发点和终点，同时也是教学评价与反馈的依据。按照加涅等人的《教学设计原理》的观点，"当目标向学生传递了在教学之后他们应该能做什么，目标就是有用的。如果这些目标陈述模糊，那么它们就不大有用"。所以他们提出"表现性目标"应该具有下面五种成分：

1. 情境（习得的结果得以表现的情境）
2. 所进行的学习类型（"习得性能"的动词区分了学

---

① 凯·M·普赖斯，等.有效教学设计：帮助每个学生都获得成功（第四版）[M].李文岩，等译.北京：中国人民大学出版社，2016：14.

习类型）

3. 行为表现内容或对象

4. 可观察的行为（行动动词）

5. 适用于行为表现（可接受的行为表现）的工具、限制或特殊条件 [①]

譬如：

[情境]给予电池、灯泡和插座以及几根电线，[行动]用电线连接电池和插座，[限制]检测灯泡是否发亮，以此[LVC]演示[对象]电路的制作。[②]

简单地说，一个规范的教学目标的陈述，至少应该让学生知道用什么、干什么、干到什么程度（最终要的结果是什么）。如果教师设定的教学目标能够引导学生明白学习的结果，那么就有可能激发起他们的学习欲望，使他们以饱满的热情投入到具体的学习活动中去。

小学英语（人教版）三年级下册 Unit 6 How many? Part C Story time Period 4 Counting in a race 的教学目标设计中，最初教师设计为"学生能在老师的帮助下，通过朗读故事、表演故事，搭建文本框架，运用故事文本框架创编新故事，达到学以致用"。该目标陈述无法很好地表达"用什么、干什么、干到什么程度"三个基本要素，而且将多个教学目标揉在一起，很难检验该目标是否已达成。我们建议该教学目标改为："（1）学生能够借助文本框架图，将该故事有感情地表演出来；

---

① R·M·加涅，等.教学设计原理（第五版）[M].王小明，等译.上海：华东师范大学出版社，2007：121.

② 同①.

（2）学生能在理解故事的基础上，通过小组合作合理想象，运用课文中的重点词汇及句型续编故事并进行表演。"

苏教版数学三年级上册"分数的初步认识（几分之一）"的教学目标陈述可以是这样的："从现实生活中分西瓜现象中认识几分之一，并能正确地对几分之一的分数进行大小比较。""从分西瓜等具体的活动中体会分数在实际应用中的必要性，感受分数学习与生活的关系，并能运用分数的基本知识解决分苹果或其他物品的问题。"

如果教师设定的教学目标能够起到引发学生学习的欲望，让学生明白学什么、怎么学、最终的学习结果是什么，那么他们的学习就不可能盲目，不可能没有动力。与此相关的问题就是要帮助教师认识到教学目标究竟从哪里来。我们以为还是要研究课程标准、研究教材、研究学生。因为课程标准规定了具体学科的教学目标，教材是达成课程标准要求的媒介，但它们都要根据学生的实际情况做出相应的处理与安排。

可以这么说，课程标准规定了学生学习某门课程的"应知应会"的要求，但我们的教学却未必能够促成所有的学生达成这"应知应会"的要求，实际教学的结果是不少学生的"已知已会"与"应知应会"是有距离的，我们只有理智地面对这实际的差异，从不同学生的认知水平出发设定不同的目标，如此才能确保不同水平的学生在原有基础上有所提升。这就是我们建议将小学英语（人教版）三年级下册 Unit 6 How many? Part C Story time Period 4 Counting in a race 的教学目标修改的原因。实际上有不少学生要达成任务 2 是有困难的，他们能达成目标 1 的要求就应该给予肯定和鼓励。这就是通过不同的任务尊重学生的差异，只有尊重了学生的差异，才可能确保不同学业水平的学生的学习有所进步——也就是当达成了目标1的要求时，他们也能够朝着目标2的要求努力，并部分接近目标2的要求，这就是我们要的"当堂进阶"。

目标要通过具体的学习任务去实现

任务通常指为了完成某个有方向性的目的而产生的活动。任务有明确的执行目标和执行人，相比于项目，任务侧重于结果，也会有时间的约束性。教学任务是指在教学中为实现教育目的所提出的不同层次的要求。我们认为教学任务是指为帮助不同认知水平与学习能力的学生达成学习目标而设计的指向具体学习内容的学习活动。简单说，任务就是学生要"干什么""说什么"。换个说法，学习任务就是调动学生参与到学习中来的教学事件。

在一定程度上，好的教学目标陈述是包含了学习任务的，比如"通过把圆柱体转化成近似的长方体，从而推导出计算方法的活动，体会转化思想的价值（新问题→旧问题），找到面积（或体积）公式推导过程中的统一的数学思想方法"，这个教学目标就包含了具体的"学习任务"："把圆柱体转化成近似的长方体，从而推导出计算方法。"但并不是所有的教学目标都包含具体的学习任务。这就需要我们围绕教学目标来设计具体的学习任务和学习活动。需要说明的是，"学习任务"与"学习活动"这两个概念之间的关系是复杂的，有时候是"同一"的，有时候又是包容的，包容又有两种情况，更多情形还是交叉的。我们这里姑且将它们看作"同一"的概念来理解。人的学习活动形式不外乎身体与心理的参与。实际的教学中大概有这样一些学习任务与活动：提问、答问、讨论、游戏、操作、分享等。

在设计任务之前，我们首先应该考虑的是这些任务是否有助于帮助学生达成相应的学习目标。教学过程中适当控制学习任务的难度，提出适合学生原有水平的教学目标，使学生能对成败做出恰当的归因，以提高学生的自信心和胜任感，从而激发他们的学业动机。

尊重差异可以体现在课堂教学的每个环节，事实上，每一位具备教学基本常识的老师在课堂教学过程中多多少少总是会尊重差异的。譬如对不同学生的不同要求，给不同的学生搭建不同的学习支架，对个别学生读音不准，书写或者口头表达不流利、不准确的及时指出，及时采取针对性训练等就是尊重差异的教学行为。至于这些行为何时发生，一定是相机而为的，而不是刻意的，更不可能完全在事先的预设中。如果我们在教学过程中能始终思考"学生们完成任务后做什么""学生们陷入困境时怎么办"之类的问题，后续达成目标的任务或者活动的跟进就可能是尊重差异，那么学生的进步也就可以"看"到了。这背后折射的是每一位教师的教学智慧，同样很难用具体而微的标准去衡量。任何一位教师要搞教学，首先要关注教学目标的设定，思考如何围绕教学目标的达成开展教学活动，采取有效的反馈评估手段评估教学效果，也就是达标情况。这个环节做到位了，改善才有可能，这个环节还没到位就想教学改革，就是折腾。尊重差异的有效教学实施，说简单点不过就是给学生及时提供帮助而已，其复杂性则在于如何给学生提供帮助以及提供怎样的帮助。

学生学习进步有赖于积极地反馈评价

按照《追求理解的教学设计》的作者们主张"以终为始"的"逆向教学设计"，他们将教学设计分为三个阶段，阶段1：设计预期结果（注：也就是我们说的教学目标）；阶段2：确定合适的评估工具；阶段3：设计教学体验和教学。"逆向教学设计是以目标为导向的。我们以具体的结果作为目标，然后根据这些结果相应地进行逆向设计。阶段1的预期结果决定了阶段2中评估的本质，同时也给阶段3计划的教学类型和学习体验提供建议。虽然，为达到具体目标而采取直接教学和评估的方式是符合逻辑的，但关键是要意识到所有的学习目标并不是同等重要的。这些目标的差异由目标的性质所决定，即由目标的具体表述，以及对教学和评估的意义所决定。"[①] "我们有义务思考结果所暗含的评估依据，而不是首先将评估看做是评定成绩的一种手段。在目标层面什么样的表现表明已经达到了要求？在基本层面，什么样的证据能表明学习者已经深入思考了这些基本问题？在理解层面，什么证据能够表明学习者'弄懂了'？我们要求教师在实际评估时像法官那样进行思考，像陪审团看被告一样看待学生的理解和技能。就在没有充足证据证明被告有罪之前，他们都是清白的。在一个基于标准来判断能力的世界中，这样的方法是至关重要的。"[②] 教学目标的设计是有效教学的基本要求，教学目标决定了教学内容的选择、教学策略的确

① 格兰特·威金斯，等.追求理解的教学设计（第二版）[M].闫寒冰，等译.上海：华东师范大学出版社，2017：61.

② 同①：148.

定、具体的教学方法的运用，甚至教具的使用。但是实际的课堂教学往往是不可能完全按照事先设定的目标推进的，它需要根据教学的不断变化而做出适当的调整。

我们的普遍问题是备课时很少甚至没有考虑为不同类型的学生提供有益于他们改善学习的反馈和建议的部分。作为一个研究项目，如果我们在课堂上能够为学生提供高质量的反馈和建议，那么就有可能促成学生在学习过程当中不断改善自己的学习行为，寻找到适合自己的学习策略与方法，并且努力用具体明确的标准来评判自己的学习和同伴的学习。如果我们不能给不同类型的学生提供不同的学习质量标准，那么他们又如何能够在学习的过程中通过努力达标，进而通过努力去完成具有挑战性的学习任务？

首先，要采取各种行之有效的方法（譬如提问、检测、作业批阅、访谈甚至闲聊等），尽可能准确地了解具体的学生的"应知应会"和"已知已会"之间的差距。其次，要帮助他们准确地找到适合他们学的起点以及经过努力可以完成的任务。在此基础上，要帮助他们设定一个更高的可达成的目标，相对难一点的任务，以促成他们跳一跳。这当中重要的是在相互尊重的基础上营造一个安全而富有激励性的学习环境，要给学生明确的或者暗示性的提示：只要努力尝试，任务是可以完成的，目标也是可以实现的。教师始终需要提醒自己的是，我们的责任就是要帮助更多的学生获得看得见的进步。教学过程中重要的依然是要及时了解学生的努力程度与他们已有的知识与新学知识掌握的程度，如此才能考虑采取怎样的方式施以援手，促成他们提升。所以，最后就是教师必须尽可能地掌握丰富的教学策略与方法，如此才可能灵活地应对课堂具体的情境。

评价与反馈是一门科学，我们这个项目建议老师们尝试运用新西兰学者约翰·彼格斯和凯文·科利斯提出的 SOLO 分类理论来观察学生的学习成果，以落实"教—学—评"一致性要求。《学习质量评价：SOLO 分类理论（可观察的学习成果结构）》的两位作者认为："SOLO 是目前唯一可以比较客观、系统地用来衡量回答的质量，而且为教师和学生所能理解接受的工具。正因为如此，这一分类理论既可以用于评价，也可以用于教学。"[①]作者强调："SOLO 分类法是一种工具，而非一种理论。在当前的境况下，分类理论对于总结性评价是非常有用的，但究竟应该怎样使用应该由教育者决定。"[②]关于如何在课堂上使用 SOLO 分类理论，我在拙文《新课程背景下如何落实"教学评一致性要求——基于 SOLO 分类评价法"的思考》中已有较为详尽的阐述，这里不再赘述。

为进一步说明教学主张是理论与实践的桥梁，下面我将提供福建省厦门市海沧区中小学"发展中学校提升工程项目"专家支持部分所指导的项目学校的几位老师的文字供各位读者参考。以下四节的内容都公开刊发于《陕西教育》2023 年 4 月上旬刊。（文字有微调）

---

① 约翰·彼格斯，凯文·科利斯.学习质量评价：SOLO 分类理论（可观察的学习成果结构）[M].高凌飚，等译.北京：人民教育出版社，2010：前言 1.
② 同①：212.

第二节　目标即结果，指向目标的
教学意义所在

海沧区"发展中学校提升工程项目"在特级教师凌宗伟牵头指导下已开展两年有余，该项目主要针对中小学语文、数学、英语这三大学科开展每月一次的研讨活动。与以往的教研培训有所不同，此活动项目的指导性强，活动紧紧围绕着凌宗伟校长提出的"目标导向，任务驱动，尊重差异，当堂进阶"16字教学主张开展，"目标导向"作为这一理念的第一要点，具有重要的作用。笔者将重点围绕"指向目标的教学意义所在"展开论述。

教学活动主要是围绕师生展开的一种有目的、有计划、有组织的实践性活动，其目的性、计划性就体现了教学目标的设计；而每场教学活动都是有期望的，它直指一定结果的达成，这种结果实际上就是教学目标的实现。因此，目标即结果，目标导向与结果导向在本质上是一致的。

《义务教育语文课程标准（2022年版）》明确指出其修订原则之一就是"坚持目标导向"，在"课程目标"部分提出了"核心素养""总目标"以及结合不同学段的"学段要求"，可见"目标"这一要求的重要性。那么在教学中，指向目标的教学有何意义呢？在教学活动前、教学活动中和教学活动后，其都发挥着重要的价值。

指引教与学方向，实现清晰化教学

教学目标是教学活动的出发点和归宿，在教学过程中起着定向的决定性作用。如果把教学活动比作一艘夜航的轮船，那教学目标就是茫茫大海中指引方向的灯塔。定好目标，清楚方向，必将照耀着我们驶向成功的彼岸——培养学生的关键能力。

众所周知，部编版教材采用"双线组织单元结构"，一条线是按照"内容主题"组织单元，另一条线是将"语文要素"进行排列。从三年级上册起，于每个单元设计了单元页，揭示了本单元的人文主题和语文要素，向我们传达了本单元鲜明的学习主题和训练目标。有了这一统一、明确的编排要求，教师就要树立起单元整体教学的意识，双线并行，在目标任务中落实语文要素。例如备课时，我们按照"在单元要求中明晰主题和本单元语文要素—在课文教学中落实知识与能力的习得—在口语交际和习作中设计情境任务运用和实践—在语文园地中实现方法的总结"这样的教学思路设计教学活动，各部分内容有了清晰的定位后就可明确本课的学习任务是什么，要达成怎样的程度，让"单元整体目标"具体落实到每节课中，实现一课一得，一单元一收获的效果，指引教学的方向。

在单元整体意识的确定下，我们也会发现各语文要素点的前后关联。如《义务教育语文课程标准（2022 年版）》关于第二学段"阅读与鉴赏"目标提及，"能初步把握文章的主要内容"。为了实现这一目标，统编教材做了长远细致的安排。根据不同学段，由浅入深、层层推进这一目标的达成。

教材编排	语文要素
三年级上册第六单元	借助关键语句理解一段话的意思。
三年级下册第三单元	了解课文是怎么围绕一个意思把一段话写清楚的。
三年级下册第四单元	借助关键词语理解一段话的大意。
四年级上册第四单元	了解故事的起因、经过、结果，学习把握文章的主要内容。
四年级下册第六单元	学习怎样把握长文章的主要内容。

由此可见，部编版教材编排的巧妙用心，关注能力训练的递进性、连续性和发展性，在教学中将"单元整体"和"语文要素"的要求结合进具体详细的教学目标中，能够确保教师的教与学生的学走向正确的方向。

凌宗伟校长在海沧区"发展中学校提升工程项目"培训中曾提出，教师在制定教学目标时，必须明确按照"我要用什么""我要干什么""我要干到什么程度"这三个基本要素设计。如在部编版教材五年级上册第六单元《父爱之舟》一课中，一开始我们制定了其中一条教学目标为：巧用多种方式，认识"茧、栈"等14个生字，会写"蚕、考"等生字，丰富词语积累。不难发现，这与绝大多数教学参考书中的教学目标很相似，但对照着凌校长的要求，我们才意识到这样的教学目标设计有"假、大、空"的诟病，落实在具体教学中没有指向性。因此，我们将这点目标缩小范围，聚焦重难点，即为：通过"耂"的字理溯源，辨析"考、老、孝"等字，并能正确、规范书写"考"字。按照这样的要素制定的教学目标，更加具体、明确，让教师清晰明了地知道自己将用什么方法，把学生带到哪里去；而学生也能更加清楚自己在本节课中要做什么，获得怎样的收获，实现教与学的清晰化。

优化教与学环节，实现动态化教学

教学目标会帮助我们清晰地规划教与学的每一步，也会帮助我们优化教与学的每一环节。教与学的活动不是一成不变的，它会根据具体的教学环境、教师表现、学生反馈等实时发生变化，因此在教学活动中，教师要紧紧把握教学目标，在教学目标的统领下，优化教与学的环节，实现变中不乱的动态化教学。

余文森教授在《课堂教学》中提到：教师要对教学内容的范围和难度展开分析，并进一步了解学生的知识范围和掌握情况，在这一基础上，对教学目标的设定进行有序的分解和细化，从而将教学目标与学生实际相结合，将其转化为学生的学习目标。基于此，教师在制定目标时要关注学生已有的学习经验和知识经验，尊重学生个体的身心发展规律。我们可以根据需要设置"前置学习"环节，例如近几年"预学单"的使用，不仅能帮助教师了解学生的已有水平，精准设计教学活动，也能强化学生的学习动机，提升自学能力，促进教与学方式的变革。

以部编版小学语文三年级上册第八单元《司马光》一课为例，这是小学阶段安排的第一篇文言文，学生第一次接触文言文，他们既会产生好奇心，也会有畏难的情绪。为了了解学生对本篇文言文的前置学习情况，鼓励学生明确任务自主学习，结合本课教学目标制定并发布预学任务单。

《司马光》预学任务单

亲爱的同学们，我们即将学习《司马光》，快来课前挑战一下吧，比一比谁集齐的星星最多、最闪亮！

挑战任务	评价标准	我的收获
任务一：请圈出以下你会认会学的生字——司、庭、登、跌、众、弃、持。	圈出 2 个字　☆ 圈出 3~5 个字　☆☆ 圈出 6 个字以上　☆☆☆	
任务二：会读课文。	字音正确　☆ 字音正确、流利　☆☆ 注意语句停顿　☆☆☆	
任务三：能读懂这个故事的梗概。	能用自己的话讲这个故事　☆☆☆	
任务四：能发现这篇课文的语言和其他课文的不同之处。	能说出自己的发现　☆☆☆	

在本课中，通过预学任务单这一"前置学习"环节的安排，教师发现本班级中绝大部分学生具备独立识字、写字的能力；能借助拼音读准不会读的生字，50% 以上的学生在导学单的指导下经过反复练习能够正确、流利地朗读课文，但对于正确的语句停顿完成度不高；对本篇文言文的大意和文言文的语言特点掌握情况相对较薄弱，但不少学生能有意识地通过查阅资料、询问家长等方式尝试突破重难点的学习。有了这样的发现，教师在教学中也能够更有意识、有目的地进行教学环节的优化，

例如，由古诗的停顿朗读过渡到小古文，懂得借助停顿符号读好停顿，达到"能正确、流利地朗读课文，注意读好语句停顿"这一教学目标；根据学生不理解的地方，采用借助注释、想象画面、联系生活等多种方法理解大意，实现"能借助反复朗读、注释、插图等方法了解课文大意，感悟司马光机智、冷静的良好品质"这一教学目标。在不断变化的课堂中，根据学生的实际情况紧扣教学目标的达成，选择恰当的教学方法与手段，组织教学语言，实现动态化的教学。

评价教与学效果，实现有效化教学

课堂教学离不开评价，而评价的标准应以目标为导向，正如《义务教育语文课程标准（2022年版）》所提及的：教师应树立"教—学—评"一体化的意识，科学选择评价方式，合理使用评价工具，妥善运用评价语言，注重鼓励学生，激发学习积极性。紧扣教学目标不但能指引教学方向，制定教学任务，也能够检测教师的教学效果和学生的学习效果，发挥其评价的功能。在日常教与学的活动中，学生以一定目标展开着活动，教师也以一定的目标展开着指导。目标与评价是互为表里的关系。制定目标的目的之一就是为日后对照着进行评价。

教学目标是预测了教学活动进行后要达成的最终结果，教师在教学过程中始终以教学目标为指导展开实践活动，因而教学目标的达成与否能体现教师本节课的教学效果。《青蛙写诗》是一年级上册的一首生动、活泼的儿童诗，通过描绘青蛙在雨天"呱呱"作诗的情景，形象地将小蝌蚪、水泡泡、一串水珠比作诗中的逗号、句号、省略号。结合学段要求和本单元的语文要素，确定第一课时教学目标：

1. 通过字源识字法认识"串"，运用生活识字法以及反复朗读的方法认识"雨、诗、要、过、给、当、们、以、成"，在板书课题的过程中认识"写"与其偏旁秃宝盖。

2. 能利用课文信息、插图识记逗号、句号及省略号的样子并辨析。

3. 通过教师范读、分角色读以及男女生合作读的方式，让学生能够正确流利地朗读课文。

如何通过教学目标评价教师教学是否有效呢？我们以目标2为例，《义务教育语文课程标准（2022年版）》针对第一学段"阅读与鉴赏"提出了认识课文中出现的常用标点符号的学段要求，在教学过程中可以通过适时提问"小小青蛙像什么？""一串水珠是什么？"等帮助学生识记标点符号，通过随堂游戏"找到好朋友"的方式检测学生是否记住逗号、句号、省略号的样子并做出正确判断。如果学生能够正确地找出这三种标点符号对应的名称，则表示教师对于此环节的教学到位、有效；若在检测环节针对这一目标的完成程度较差，则表示在教学中出现目标与结果的偏差，教师应立即做出调整，采取新的方法。

而从学生的角度来看，教学目标是学生达成的预期学习成果，所以教学目标等同于学生的学习结果，教学目标的完成情况就能反映学生的学习效果。在"目标导向"的理念下，我校推行"让目标发声"，在每节课的教学课件上体现当堂课的教学目标，以便学生也明确自己本节课的学习目标。陶行知先生曾提出："先生的责任不在于教，而在教学生学。"

我们惊喜地发现，目标导向下，不仅教师的教更有针对性，学生的学也更有指向性，学习的主动性更强、积极性更高，不论是教师的教学水平还是学生的学业水平都有了明显的提升，教与学的有效性得到最大发展。

目标即结果，教学目标是教学活动设计的起点也是终点。在日常教学中，我们要精心设计教学目标，在目标的指引下明确教与学的方向，适时调整，优化教与学环节，最后评价教与学的成果，达到目标的完美落地。

（林莹莹　厦门市海沧区鳌冠学校）

第三节 基于教学目标的可见性
学习任务设计 *

教师如何有效整合和运用学习任务并具体落实到每一堂语文课中？海沧区"发展中学校提升工程项目"语文研讨活动在特级教师凌宗伟校长的领导下，研讨目标具有前瞻性，提出课堂教学应贯彻"目标导向，任务驱动，尊重差异，当堂进阶"的16字教学主张。凌老师强调，目标是教的出发点、学的终点，也是评价的依据，教学目标无疑被摆在了非常重要的位置。在确定教学目标之后，如何在课堂中落实？这就需要以学习任务为驱动。《义务教育语文课程标准（2022年版）》提出新概念——"学习任务群"，并按照学习内容整合程度的不断提升，分三个层面设置学习任务群。

笔者所理解的"任务驱动下的语文课堂教学"是教师以课程标准为依据，根据教材的教学内容及其要求学生应达成的学习目标，设计语文学习与生活情境相关联、实践性强、综合型的学习总任务。在语文课堂教学实际过程中，教师结合学生生

---

* 原标题为"教学目标可见性任务设计——以发展中学校小学语文实践课为例"。

活创设真实学习情境，将学习总任务分解细化为一个个子任务，课堂上学生在"最近发展区"的子任务驱动下生发出强烈的学习动机，促进他们积极思考，自主合作探究，实现任务进阶式的语文实践活动。任务驱动教学法有其鲜明的特征，与传统教学法相比，它注重以任务为主线，教师是教育过程的主要行动者，学生为学习活动者。学生在问题解决的语文实践活动中，理解语文学科核心知识，提升关键能力，学有所得，实现当堂进阶，达成学习目标。

设计挑战性学习任务，尊重差异

约翰·哈蒂在《可见的学习——最大程度地促进学习（教师版）》中提出教师在课堂教学中应该设计挑战性任务，任务应该是基于学生先前的成就水平、自我效能，应该是因人而异的，教师必须能够根据学习者的需求来调整。这个设计不再是我们目前习惯的由教师设计，或者是教师自以为是站在学生角度，也就是所谓的"儿童立场"设定的目标，我们固有的任务设定其实仍然是眼中无"儿童"的，因为再怎么代入，教师的知识背景、认知水平、年龄层次都意味着不可能成为"真正的儿童"，因此所设定的学习任务也极大可能会"失焦"。应该由学生和教师共同参与到任务的设定中，因为学生是作为学习过程中的主要行动者，教师是教学过程中的行动者，教学是双边的活动，而非教师单边的活动，既然如此，学生进行设计，学习者也才能看见达成挑战性目标的路径，这路径里还包含如何理解目标、达成目标的实施计划等。

以部编版五年级下册《杨氏之子》为例：

目标层次	学习目标	挑战性任务	成功标准
表层目标	1. 读准字音，读通句子，有感情地读。	1. 借助注释、插图、联系上下文等理解文中难以理解的词语。	我能读准字音，但"为设果"的"为"容易读错成"wéi"，能基本读通句子，"未闻孔雀是夫子家禽"的停顿容易混淆。 我能借助注释、插图、联系上下文等理解文中的"惠、诣、乃、示"等词语意思，但是"为设果"一句的"为"容易理解为"因为"。
	2. 会用自己的话解释《杨氏之子》的意思。	2. 尝试用自己的话解释文中句子的意思，在教师的指导下连起来说说全文的意思。	我能尝试用自己的话解释《杨氏之子》一文的句子意思，理解大概内容，且在教师的指导下连起来说全文的意思，但是不能逐字逐句说出文章完整具体的意思。
深层目标	3. 能勾连全文，用具体的例子解释"杨氏子"的语言之妙。	3. 通过创设不同的情境理解孔君平所说的"此是君家果"的内涵。	我能联系上下文，在教师的提示下抓住"果有杨梅"和"杨氏子"姓氏的谐音例子，初步感受"杨氏子"语言运用的巧妙。初步理解"此是君家果"的内涵。但在不同语境中需要多一些时间思考举例，体会语言的内涵。
	4. 创设境脉，角色体验，解释"杨氏子"思维与语言背后的秘密。	4. 通过创设对话情境、语言对比及反复朗读来理解杨氏之子的回应"未闻孔雀是夫子家禽"的内涵。	我能通过角色体验、反复朗读理解"未闻孔雀是夫子家禽"的意思，但还不能体会"未闻"的委婉语气和反问回应的妙处。
	5. 能理解"杨氏子"的聪慧之处。	5. 用自己的话解释杨氏子的语言精妙之处，举例证明"杨氏之子"的聪慧之处。	我能用自己的话，举部分的例子证明"杨氏子"语言的精妙之处，体会"杨氏子"的聪慧，但举例不够完整。

目标层次	学习目标	挑战性任务	成功标准
概念性目标	6. 对比文言文的语言艺术与现代文的语言艺术，体会不同语言艺术背后的思维方式，深层品味语言的魅力。	1. 阅读现代与古代的不同文本，找出文中最能呈现语言艺术之处。	我能阅读现代与古代的不同文本，找出部分能呈现语言艺术之处，但未必能找出最能呈现语言艺术的地方。
		2. 理解语言精妙之处的内涵，针对现代与古代不同的语言艺术做出总结。	我能理解语言精妙之处的内涵，在教师的指导下针对现代与古代不同的语言艺术做出部分的总结，但总结不够全面。

备课时基于学生原有的学业水平，深刻理解学生已经知道什么和能做什么，与学生一起共同制定并掌握不同程度的学习目的（表层目标、深层目标、概念性目标），基于不同层次学生设置成功标准，这是有效教与学的前提。同时有效的学习强调一定要通过学生的实践来掌握目标，并且实践要呈现进阶性，从有指导到独立，体现学习者的认知过程。因此在实际的教学中，教师要设计适当的挑战性任务，指导学生通过有指导的实践及独立实践，真正将本节课新学习的知识纳入已有的知识框架中。

设计梯度式学习任务，达成目标

"语文学习任务群由相互关联的系列学习任务组成，共同指向学生的核心素养发展"是《义务教育语文课程标准（2022年版）》关于语文学习任务群的解释。"任务驱动式教学方法是一种建立在建构主义学习理论基础上的教学方法，它将传授知识为主的传统教学，转变为以解决问题、完成任务为主的多维互动式的教学。"[①]可见，学习任务不是一个独立的存在，而是相互关联，具有共同指向。在第一个策略下教师创设了丰富多样的学习情境，需要依据课程标准、教材内容、教学目标、学情等因素，设计富有挑战性的相互关联的几个学习任务。

以钱老师执教的《当世界年纪还小的时候》为例，在整体感知后，他设计了几个大任务。以表格将任务展示，更为清楚明了。

流　程	目　标	具体任务
提供支架学习"太阳学发光、发热"部分。	具体学习"太阳"部分，了解想象要根据事物现在的特点而想。	1. 太阳学习这个本领是因为？ 2. 举例了太阳学什么的例子呢？ 3. 太阳还可能尝试着学什么本领？
自学"月亮学变化""水学习一直流动"。	迁移学习"太阳"的方法，学习"月亮、水流"。 比较学习方式、一遍一遍地试。 明白想象要合理。	月亮为什么学着变化？水流为什么学着流动？同样把原因画一画。然后同桌之间交流，交流你觉得最有意思的地方。
仿照课文例子编故事。	根据提示展开想象，用自己的话编故事。	还有什么事物学习什么？为什么学？最后结果如何？请孩子们自己试着想想，可以模仿着太阳、月亮或者水流的学习过程说一说，再四人小组讨论。

---

① 杨洪雪.任务驱动式教学方法的特点及过程设计［J］.教学与管理，2006（10）：129-130.

依据教学目标，将任务细化，任务层层递进，从需要教师的引导，具体学习，到自学和小组交流讨论完成任务，最后思维内化，明白想象是需要根据事物现在的特点想开去，且想象要合理，要有升华。任务驱动下的任务教学，学生不再局限于知识的理解，更是随着任务的推进，学生自主、合作、探究的能力也相应提升。在这个过程中，学生也懂得学习不是一蹴而就的，需要努力。

设计发展型学习任务，有效反馈

《义务教育语文课程标准（2022年版）》在发展型学习任务群中提出："引导学生在语文实践活动中，……负责任、有中心、有条理、重证据地表达，培养理性思维和理性精神。"

如何引导学生负责任、有中心、有条理、重证据地表达？

笔者以部编版教材五年级下册第六单元"跳水"为例，本单元的语文要素是"了解人物的思维过程，加深对课文内容的理解"，《跳水》是一篇小说，人物活动推动情节，表现主题，辨析人物性格特征是小说的关键。船长的思维过程在文中是有迹可循的，在本次课堂的教学中，旨在引导学生关注故事情节中的关键要素，推测船长的思维过程，感受人物性格及其内涵，完成文本领悟。为完成此目标，笔者采用思维导图的学习任务进行引导。

推测船长的思维过程见下页图。

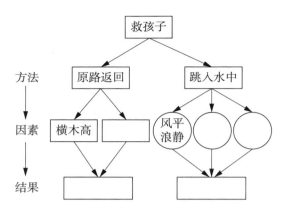

从教师的角度来看，通过这一学习任务，如果学生能够正确找出救孩子的不同方法的影响因素，用自己的话有中心、有条理地表达出来，并根据这一思维导图说出对文章中船长的性格及内涵的感悟，则表示此环节学生的学习是有效的，教师无须再组织"讨论"深入分析人物性格及其内涵，寻找"依据"以支持判断。这样，落实学习任务的目的清晰有效，学生在任务驱动下能够积极提取信息并思考，对于自我是否达到学习目标也清晰可见，有利于激发学生学习的热忱及明确学习的方向。

再以部编版四年级上册第五单元习作例文为例。（见下页表）

在项目的实施过程中，当学生任务完成后，最重要的环节是进行效果评价，凌宗伟校长明确指出教学目标是评价的依据，《义务教育语文课程标准（2022年版）》强调"过程性评价应综合运用多种评价方法，增强评价的科学性、整体性"，这是过程性评价原则之一。约翰·哈蒂在《可见的学习——最大程度地促进学习（教师版）》中也极其重视反馈对于有效教学的作用，文中关于学习目标的三个核心问题是：我要去哪里？我如何去那里？我下一步要去哪里？对应的三个反馈水平是：任务水平、进程水平、自我调节水平和自我水平。在完成学习目标过程中，对于目标达成情况的反馈越清晰，越有助于学生有效达成预期目标。

习作例文	语文要素	学习目标	评价标准	自我评价（我想送给自己红色／黄色评价星，原因是_____。）	同伴评价（我想送给同学红色／黄色评价星，原因是_____。）
《我家的杏熟了》、《小木船》	了解作者是怎样把事情写清楚的，写一件事，把事情写清楚。	把顺序写清楚。	1. 按一定的顺序（顺叙、倒叙、情感线索）。	通过思维支架梳理出不同表达顺序，能用合适的写作顺序把事情写清楚。	
			2. 时间、地点、人物、起因、经过、结果交代清楚。	把事情六要素交代清楚，能通过用事件写时间等方式，把事情六要素交代清楚。	
		把过程写清楚。	1. 把看到的、听到的、想到的写清楚。	能把看到的、听到的写清楚，能把想到的写清楚。	
			2. 用上连续的动词。	能用上连续的动词把过程写清楚，能用上恰当的动词把过程写清楚。	
			3. 用上恰当的修饰词。	能在动词前用上恰当的修饰词，能在动词后用上恰当的修饰词。	

语文教学中的学习任务，是为发展学生的基本素养而设计的，其关键是把问题转化为驱动型任务，教师围绕教学内容设计有层次性的学习任务，让学生在学习任务不断的驱动下于课

堂内外都能够积极生动地学习，经历自主思考和探究的过程，实现旧知与新知的联系构建。任务驱动让学生真正成为课堂中的活动者，生活中的思考者，是新课标背景下语文学习的重要方式，在新课程背景下对于语文教学中有很强的指导和实践意义。

（黄丽红　厦门市海沧区芸美小学）

第四节　尊重差异，关注起点[*]

以"目标导向，任务驱动，尊重差异，当堂进阶"为教学理念，聚焦中小学语文、数学、英语学科发展的海沧区"发展中学校质量提升工程"专家支持部分在凌宗伟校长指导下已经开展两年有余。每月一次的教研活动，学科专家专业引领，与种子教师共研课例，以点带面提升教师的课程解读和课堂教学能力。项目活动不仅关注教师专业成长，更关注每一位学生的发展。

我校作为一所城乡结合部的学校，学生两极分化严重。在传统的教学模式下，优生"吃不饱"，后进生"吃不下"的现象常有出现。随着初中数学学习的深入，课程内容对学生的能力素养要求越来越高，让学生之间的差异更加明显。在凌老师的指导下，以尊重学生差异为前提的差异化教学进入课堂。运用差异化教学策略，进一步提高教学效率就成了一个崭新的课题，也给教师带来了新的挑战，下面笔者结合自身的教学实践，谈谈对差异化教学在课堂教学应用中的几点思考。

---

* 原标题为"尊重差异　把握细节——差异化教学在初中数学中的应用"。

结合课程内容特点，设置分层学习组织

尊重学生主体，设置分层学习组织是实施差异化教学的重要环节。但怎样分层呢？现阶段，较多教师以学生的学习成绩、学习能力、学习态度作为分层的依据，而且仅在学生经过某一段时间分层学习后的表现进行分层调整。笔者认为如此"一刀切"的分层方式，忽略了学生对数学具体课程内容的掌握情况，与分层的初衷难以吻合，达不到预想的效果。

初中数学课程分为四大领域：数与代数、图形与几何、统计与概率、综合与实践。课程内容是提升学生关键能力的载体，不同领域的内容对提升学生关键能力存在一定的差异，所以一些学生在不同领域内容的学习上，其表现有所不同。比如有些学生运算能力很强，但是几何推理能力弱；而有些学生则擅长数据分析，但拙于代数运算。在不同的领域，学生自身的能力存在差异。如果教师不考虑具体课程内容，对学生进行笼统的分层，就会导致一些学生无法弥补自身的不足。因此，教师需要先在了解学生对某一领域知识掌握情况的基础上，从课程内容特点出发，综合学习态度与能力对学生进行分层；在进入新领域知识学习时，再根据情况对学生进行重新分层。以具体课程学习状态、水平差异作为分层标准，可以更加有效地实施针对性教学，促进学生的全面发展。

把握学生知识起点，推进分层学习目标

数学课程内容的学习是由浅入深，层层递进，构成相对系统的知识结构。很多新知的学习都是在已有知识的基础上形成和发展而来的，学生前一阶段知识的掌握情况直接影响后续知识的学习，所以利用复习旧知引入新知成为教师常用的教学方式。传统教学中，教师往往以整体学情把握为主，默认学生已经掌握了旧知，复习旧知主要是唤醒学生的记忆，这种"默认"在客观上忽视了学生认知起点的差异。差异化教学中，教师不但要设计分层教学目标，更要考虑学生是否具有达成目标的知识储备，明确各层次学生的知识起点，采取个性化教学策略，通过多种学习活动，引导学生明确学习重点、突破学习难点，帮助学生能够顺利地进阶学习。

如在"消元法解二元一次方程组"的教学中，为了让每一个层次的学生都能达成"能解二元一次方程组"的目标，我们细化了目标达成的路径。二元一次方程组是在学生学习了一元一次方程和二元一次方程组的概念的基础上进行的。解二元一次方程组的思想是消元，将二元一次方程组转化成一元一次方程，所以会解一元一次方程是解二元一次方程组的基础。在设计教学时，教师应该明确哪些学生不会解一元一次方程；哪些学生需要进行示范和练习，才能掌握二元一次方程的解法；哪些学生在领会消元思想后能自主探究二元一次方程组解法，据此将学生分为 A、B、C 三个层次。以 A 层学生认知为起点，教师为 A、B 层学生提供解一元一次方程的分层材料，由 C 层学生帮助 A 层学生学会解简单的一元一次方程，为 A 层学生学习二元一次方程组的解法扫清障碍，同时弥补 A 层学生对一元一次方程内容的缺漏，缩小学生之间的差距，以生生互助活动代替问答式的旧知复习。当新课教学内容比较饱满时，教师可将这样的教学活动安排至课前完成。在差异化教学中，找准每一个学生的知识起点是有效落实教学目标的基础。

建构数学知识联系，分层构建知识结构

数学作为一门结构性、逻辑性、严谨性极强的学科，教学内容的结构化对帮助学生了解数学知识的产生和来源、结构和关联、价值和意义具有重要的意义，也是学生轻松学数学的关键。无疑，随着数学知识的深入学习，部分学生能够自主地建构数学知识之间的联系，但是仍会有不少学生所获得的知识是零散的。特别是一些中等生和学困生，教师只重视他们基础知识和基本技能的获得，对碎片化的知识进行反复巩固训练，少有机会让他们跳出题海构建知识间的联系，导致他们数学学习质量不够，与优生的差距随之增大。数学学习是数学知识建构的过程，只有在知识之间建立的联系越多，掌握的知识才会越牢固，数学问题的解决也就越得心应手。

如人教版教材八年级下册"分式"一章中，可以发现分式的研究路径与分数是一致的。笔者在《分式》一课的教学中，通过类比分数获得分式的概念后，提出问题："本章我们需要类比分数学习分式，大家还记得我们是如何研究分数的吗？我们学习了分数的哪些知识呢？"学生的回答是凌乱的、无序的、不完整的。笔者通过学生回答发现，学生并未建构起分数的知识体系，不了解分数知识发展的联系，学生无法很好地调用分数的经验进一步学习分式。基于此，为了帮助学生建构分数知识体系，笔者布置了分层作业：A层学生完成分数运算的练习，其练习题按照分数知识点的发展顺序编排；B层学生同样完成分数运算的练习，但是学生还需要根据练习内容，建立分数的

知识结构图，了解分数知识之间的前后联系；C 层学生则自主建立分数的知识结构图，并通过类比获得分式研究的一般路径。通过各层次学生回忆分数知识有关概念、性质、法则，类比迁移获得分式相关研究内容，将分式的内容纳入分数的认知体系。在后续的教学中发现，各层次的学生对本章的学习积极性较高，而且相较其他班级，学生对分式运算的掌握情况也比较好。很明显，学生通过建构知识之间的联系，感受到了数学知识间的清晰脉络，将新知融入旧知的体系中，减轻了数学学习的负担，提高了数学学习的兴趣，学生整体能力得到了极大的提升。

差异化教学不仅仅存在于教学目标、教学方式、教学评价中，还应该在教学的细节中。细节是决定差异化教学能否成功的关键，教师不仅要关注如何进行差异化教学，还应关注导致学生存在差异的原因，不断地调整教学。教师充分把握学情，尊重学生差异，结合学科特点因材施教，培养各层次学生的学习能力，激发学生对数学的兴趣，让学生从"学会"到"会学"，再到"乐学"，真正成为学习的主体。

（林　霞　厦门市海沧区教师进修学校附属学校）

第五节　即时反馈，以评促学 *

　　有幸成为海沧区"发展中学校提升工程项目"小学英语基地校，在项目组专家凌宗伟校长提出的"目标导向，任务驱动，尊重差异，当堂进阶"16字教学主张指导下，两年来共开展12次专场活动。项目组的活动有别于以往的活动，名师与种子教师同台异构，种子教师回校后借鉴集中研修的形式组织本校学科组开展学科组研究活动，因疫情缘故还探索出线上与线下双线研讨结合的新模式，参与面广、研讨深入、研讨激情高。项目组16字教学主张与《义务教育英语课程标准（2022年版）》[以下简称《英语课标（2022）》] 课程理念中提出的注重"教—学—评"一体化设计不谋而合。"教—学—评"一体化的理念凸显教与学的"可见"，教师是"评价者和活性剂"，用一系列学习策略去建构学生的表层知识、深层知识和理解 [①]，从而使学生有更大的可能获得高水平成就。本文试从基地校

---

*　原标题为"新课标背景下小学英语教、学、评一体化实施策略——以发展中学校小学英语基地校实践课为例"。

①　约翰·哈蒂.《可见的学习——最大程度地促进学习（教师版）》[M]. 金莺莲，等译.北京：教育科学出版社，2015：22.

的阶段研讨课例出发，结合"可见的学习"的基本观点，基于SOLO分类评价法，梳理并剖析小学英语课堂"教—学—评"一体化的实施策略。

策略一：基于关键能力提升确立可视化的评价目标

《可见的学习——最大程度地促进学习（教师版）》一书指出，学习目的描述了我们希望学生学习什么，学习目的是否清楚是形成性评价的关键。教师必须明确想要学生学习什么（以及学习结果会是怎样的），否则要开发出好的、相应的学习评价是几乎不可能的。[①] 教学目标即评价目标，教学目标的有效设计有赖于教师对学情和教学文本的精准解读。在学情的把握上，我们要厘清学生整体的认知水平、思维特点、生活经验和不同水平学生的需求，尽可能关注每个学生的"每课有得"。以发展中基地校英语导师赵丽老师设计的 PEP《英语》三年级下册 Unit 5 Do you like pears? 为例，赵老师从课标的角度对单元进行解读，观察和分析课文三个主情景图，对照《英语课标（2022）》，梳理出单元的主题范畴是人与自我，主题群是生活。子主题内容是个人喜好与情感表达。梳理教材中的情境图，整合事件发展的顺序为：买水果—厨房里准备水果—餐厅里用水果待客—品尝水果后清理桌面——起阅读、玩耍—去自助餐厅消费。学生对主题意义的探究是学生学习语言的最重要内容。围绕子主题内容"个人喜好与情感表达"，将本单元主题意义提

---

① 约翰·哈蒂.《可见的学习——最大程度地促进学习（教师版）》[M]. 金莺莲，等译.北京：教育科学出版社，2015：22.

炼成下图：

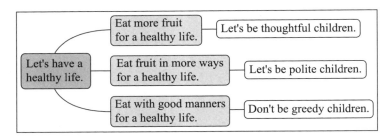

根据单元解析和 SOLO 模型，赵老师预设了第一课时，学生在学习中可能达到的这样的三个层次的目标与成功标准，如下表所示：

	高水平学生	接近掌握水平学生	起步水平学生
单点 / 多点 结构	1. 能听、说、读词汇doctor、keep。 2. 能听并模仿跟唱水果歌，会说水果歌中的水果单词。	1. 能听、说词汇doctor、keep。 2. 能运用正确的语音语调流利朗读对话。	1. 能在购物情境中，通过图片等的帮助听懂、会说词汇honey、pear。 2. 能在购物情境中，通过图片等的帮助听懂、会说、会认读词汇：buy，fruit，apple，banana，orange；核心句型：Do you like... ？Yes，I do. / No，I don't. 3. 能在语境中理解可数名词复数形式，能在语篇中理解核心句型的表意功能。
关联 结构	3. 能运用正确的语音语调流利、有感情朗读对话的基础上，在小组内合作表演对话。 4. 能通过推理和想象，尝试丰富话轮，在此过程中能懂得关爱父母。	3. 能在语境中理解可数名词复数形式，归纳总结语法现象。 4. 能理解歌曲 *An apple a day keeps the doctor away* 的含义，并能哼唱。	4. 能基本运用正确的语音语调朗读对话。

	高水平学生	接近掌握水平学生	起步水平学生
拓展抽象结构	5. 能通过小组合作的形式，积极尝试在待客情境中迁移运用本课所学核心句型谈论水果的喜好，懂得多吃水果，健康生活。 6. 理解并演唱歌曲 *An apple a day keeps the doctor away*，强化多吃水果、健康饮食的生活意识。	5. 能围绕水果喜好主题，运用核心词汇和句型进行简单交流，语言达意。	

实际课堂中，由于赵老师备课时就能发现本课时水果词汇仅有四个，预设到课堂活动中可能由于词汇量的不足导致学生交流时兴趣降低，因此教师课前提供水果歌让学生欣赏。让学生在非正式学习环境下学习水果词汇，鼓励学生画一画会用英文表达的水果，制成卡片，调动学生多感官参与学习。课前有效先学的活动，能让能力强的孩子获得更多的"最近发展区"，课堂上鼓励学生运用更多水果词汇表达，这些孩子的"最近发展区"就是小组学习的有利资源。课堂上，在谈论水果喜好时会用上名词复数，由于赵老师提前让学生多准备卡片，巧妙解决了这一可能出现的问题。因为只有在意义关联的词汇量充足的前提下，课堂中询问水果喜好的活动才更接近学生熟悉的生活。

策略二：基于评价目标设计差异化的教学任务群

《英语课标（2022）》提倡，"践行学思结合、用创为本的英语学习活动观，秉持在体验中学习、在实践中运用、在迁移中创新的学习理念"，在实际课堂中，看似热闹的各种活动中，每个学生个体是否真实参与学习需要设计有差异化的教学任务，并基于学生思维的发展形成差异化教学任务群，以帮助学生建构知识脉络。

以 PEP《英语》三年级下册 Unit 4 Where is my car? Part B 为例，基地校种子教师林丽真老师在第一次授课中以情境教学法作为主要教学方法，主要有三个教学活动，首先设置"They are going camping, but where are Mike and Zoom?"这一背景，引入 Mike 在家找帽子的文本语境，在该文本语境中感知学习——妈妈是运用"Is it …"提示 Mike 的，引导学生学习感知本课时功能句的语用；其次是角色扮演体验，从课文教学中的 role play、操练环节中的 role play 和语言运用中的 role play，三次体验分别从"文本角色扮演—信息差分角色操练—分角色运用所学语言完成任务"；最后迁移引入 Zoom 在家找玩具船的语境，在该文本语境中迁移运用"Is it …"，使学生在探究中走进文本，在 summary 和作业的环节，再次引导学生走进生活，从而培养学生养成整理物品的习惯，并能意识到"提醒寻找"而非"替代寻找"的重要性，实现学科育人价值。

三个活动较好地完成了本课的教学任务，但基本是在教师的引导下，"师—生"这样单一的一对多的活动模式下进行的。依据项目组专家凌宗伟老师的转化策略，我们减少课堂的无效活动，凸显学生个体学习差异，在学习理解环节设计了差异学习任务群，详见下页表。

教学目标	学习活动		
	高水平学生	接近掌握水平学生	起步水平学生
在看、听、说的活动中，获取、梳理对话中帽子所在的位置。（学习理解）	1. 基于图片和已有经验，在教师的启发下，预测对话内容，感知新语言，如：Where is my cap? Is it in your bag/toy box? 2. 观看对话视频，验证预测，理解对话大意，根据图片，用释义和列举的方式理解句子"Have a good time!" 3. 再次观看对话视频，理解对话细节，如：How does Mum ask Mike? Why? 关注到妈妈没有直接代替孩子寻找物品，而是通过"Is it..."提示让孩子自行寻找。 4. 借助 Zoom 找玩具的情境，继续学习物品词汇：ball/car/boat/map。 5. 听录音跟读、分角色朗读对话，关注语音、语调、节奏、连读、重读等。	1. 基于图片和已有经验，在教师的启发下，预测对话内容，感知新语言，如：Is it in your bag/toy box? 2. 观看对话视频，验证预测，理解对话大意，根据图片，理解句子"Have a good time!" 3. 再次观看对话视频，理解对话细节，如：How does Mum ask Mike? Why? 理解"Is it..."句型的使用语境。 4. 借助 Zoom 找玩具的情境，继续学习物品词汇：ball/car/boat/map。 5. 听录音跟读、分角色朗读对话，关注语音、语调。	1. 在图片、教师与同学的提示下，初步感知新语言，如：Is it in your bag/toy box? 2. 观看对话视频，在教师和同学的帮助下理解对话大意，如进一步理解核心句子：Is it in your bag/toy box? 3. 再次观看对话视频，理解对话细节，理解"Is it..."句型的使用语境。 4. 借助 Zoom 找玩具的情境，在教师和同学的帮助下继续学习物品词汇：ball/car/boat/map。 5. 听录音跟读，关注语音、语调。

事实证明，教学评的真正落地，在于教师关注每个学生学习的起点，给予适宜适时的帮助，用不同的标准和要求进行合理反馈。

策略三：基于评价量表多维评价

《英语课标（2022）》研制了学业质量标准，根据关键能力发展水平，结合课程内容，整体刻画不同学段学生学业成就的具体表现特征，进一步明确了"怎么教""教到什么程度"。课堂上，依据学业质量标准，采用可视化的听、说、读等评价量表，能够更好地落实教学评价。

以 PEP《英语》六年级下册 Unit 4 Then and now Part C 故事课为例，设计了不同维度的评价量表，从而及时了解学生的学习过程、学习进步和学习困难，给予学生有针对性的鼓励、指导或建议。（下面表格依次为听音跟读评价表、角色扮演评价表、终极任务评价表。）

评价维度	细化指标	量化分
Accuracy	能准确发音，语音、语调、节奏、连读、重读等正确。	♥ ♥
Fluency	能流利地朗读句子，语句通顺、连贯。	♥ ♥
Vitality	能模仿主人公的语气、表情、动作等。	♥

评价维度	细化指标	量化分
Accuracy	能准确发音，语音、语调、节奏、连读、重读等正确。	♥ ♥
Fluency	能流利地朗读句子，语句通顺、连贯。	♥ ♥

评价维度	细化指标	量化分
Vitality	表情生动自然，有适当的肢体动作，角色之间有互动。	♥ ♥
Cooperation	在表演中，能主动为同伴提供帮助。	♥
Addition	在表演中，能增加适当的对话。	♥

评价维度	细化指标	量化分
Accuracy	能准确发音，语音、语调、节奏、连读、重读等正确。	♥ ♥
Fluency	能流利地朗读句子，语句通顺、连贯。	♥ ♥
Vitality	表情生动自然，有适当的肢体动作。	♥ ♥
Logic	能有逻辑地描述同一件事物从前、现在、未来的变化。	♥ ♥

策略四：基于学生差异精准当堂进阶

项目组在"目标导向，任务驱动，尊重差异，当堂进阶"的理念指导下，敢于直面每个学生个体的当堂进阶。将课程目标、教材目标转化为课堂学习目标，给予学生不同的教学任务单，引导学生关注本节课的学习目标；将教学内容与学生熟悉的知识关联，清晰掌握学生的已知和应知的具体指向，建构学生本节课要掌握的知识路径；用具体的学习任务推动学生的学习，指导学生将所学转化为自己的知识，并通过课堂差异化任务单和表现性任务了解不同学生对所学知识的运用并得到相关的反馈信息。以导师张莉执导的PEP《英语》三年级下册

Unit5 Do you like pears？为例，本课设计的表现性任务为：我是暖心好朋友，以 fruits 为主题，开展主题式调查研究，并创新任务完成形式。在任务完成过程中，分两部分完成，首先是四人小组利用转盘问答，分别用笑脸和哭脸标出组员喜欢和不喜欢的水果，问答利用本课的核心句型：Do you like？Yes，I do./ No，I don't.I like… 其次，小组讨论任选一种方式汇报调查结果，汇报可每人一句：I like…/I don't like… 也可以组长汇报：I like… / I don't like…xxx（同伴姓名）likes…He/She doesn't like… 课堂上及时展示学生个体达到学习结果的情况，就是学生当场进阶的表现性呈现。

"教—学—评"一体化对教师提出了新的要求：教师要有明确的课程指导思想，要深入分析并选择好课程内容；要准确分析和把握学情，从而设计出明确可行的教学目标和达成目标的教学活动，以及实现目标的具体步骤和方法；同时还要有可操作的监控手段和评价效果的具体指标，以确保目标的实现和效果的达成，并基于学生在具体任务中的学业表现调整下一阶段的教学目标，从而改进教学方式和方法，提高教学效率。

（陈辉影　厦门市海沧区东孚中心小学，现调任霞阳小学）

本章小结

　　教学主张不仅仅是一位教师在课堂上的行为和决策的反映，更是一种教育哲学的体现，是理念与行动的结合。教学主张作为从理论到实践的桥梁，承担着将教育理念转化为具体教学行动的关键角色，这一过程既复杂又富有挑战性。

　　如前所说，教师的价值观通常来源于其个人信念、教育理念、社会文化背景以及所接受的专业教育。这些价值观塑造了教师对于什么是好的教育、什么是有效的教学以及教育应该实现的目标等核心问题的看法。价值观不仅决定了教师的教学目标，还影响了教师对学生、知识、学习和教学过程的基本看法。因此，建立在价值观基础上的教学主张，能够确保教师在教学实践中的行为与其内心的信念和理念保持一致，从而使教学行为更具有内在的动力和意义。

　　从功能的视角看，教学主张是教师在教学过程中的导航仪，指引着教师如何选择和设计课程、如何与学生互动、如何评估学生的学习进展以及如何进行自我反思和发展。这些方面的每一个决策都是教学主张中价值观和理念转化为实际操作的表现。

　　将理论转化为实践是教育工作中最具挑战性的任务之一。

教学主张在这一过程中扮演着桥梁的角色。这座桥梁需要教师不仅理解教育理论，而且能够将这些理论应用到实际教学情境中，创造出有效的教学实践。一个功能明确的教学主张不仅能够指导教师的教学实践，促进教学质量的提升，而且能够帮助学生实现更好的学习效果。

链接一｜共生教育：内涵、特征与实施策略

江苏省海安市实验小学　周振宇

[摘要] 人类社会的发展越来越向往共生的理想，这种理想的达成需要教育奠基。共生教育需要打造共生的学校育人环境，并在这样的环境中通过适切的方式培养具有共生品格的人。共生教育具有五大特征：一是强调基础的先在性，二是强调方法的涵养性，三是强调过程的互惠性，四是强调价值的多元性，五是强调目标的整体性。在共生教育实施的过程中，还需要遵循一定的原则，并从学校文化、教师团队、课程建设、课堂改革、道德涵养等维度共同发力，才能造共生之境，结共生之果。

[关键词] 共生；共生教育；内涵；特征；实施策略

一直以来，人类科技高速发展，我们不知不觉走入了信息社会。每个人手上一部智能手机、每张办公桌上一台电脑，以及彼此相连的密织大网似乎让我们变得无所不知、无所不能。我们生活在海量的数据中，并以此推动基础设施不断更新，社

会形态不断改良，生活越来越便捷，财富也在不断增长，似乎未来的生活将会越来越美好。

但是，我们也注意到，有人把当下的时代称为信息茧房时代。发达的互联网络不经意间制造了海量的信息茧房，它让人们钻在各自的信息温室里，一个信息温室和另一个信息温室并不兼容，也互无往来。在这里可能歌舞升平，在那里却可能悲剧横生。人们之间没有共识、没有共情、没有怜悯，甚至也不打算互相了解。彼此一旦遇见，甚至会打到头破血流。人和人最远的距离，是住在楼上楼下，却钻在不同的信息温室的距离。尤其让人担忧的是，这种距离往往不仅在一两个人之间，而是在几亿人和几亿人之间，很多人宁可长久沉浸在元宇宙的虚幻世界，也不愿参与现实的人际交往。

我们更加不应该忽视的是，伴随着科技快速发展的是野蛮、过度的开发，地球资源正在逐步枯竭，局部环境越来越恶化，病毒、瘟疫、灾害肆虐全球，挥之不去，且有一浪高过一浪之势。随之而来的是文化冲突的加剧和对资源垄断的渴望，战争此起彼伏，很多人在炮火中失去生命，很多人类文化的印记在威力巨大的爆炸中消失殆尽。

英国诗人约翰·多恩曾有一句著名的诗："没有谁是一座孤岛，在大海里独踞；每个人都像一块小小的泥土，连接成整个陆地。"我们每个人都是地球的一分子，这里是我们共同的家园。我们每个人在享受现代文明成果的同时，需要努力去修补与他人、与社会、与自然，甚至是与自我之间的关系。唯其如此，这个世界才有可能永续共存。只有我们所有人达成共识，共同树立共生的理想，才有可能真正形成"人类命运共同体""人与自然生命共同体"，建成共生的理想社会。

有学者说，我们留给孩子们怎样的世界取决于我们留给世界怎样的孩子。对未来理想的共生社会的追求离不开当下的教育奠基，在当下的校园里建构共生教育的"理想国"，不断播撒共生的种子，涵养孩子们的共生品格，成为当下教育的应然使命。

一、共生教育的内涵

何谓共生？在生物学的视角中，共生指的是不同种类的生物之间以异质为前提的相互依存、共生共长现象。迁移到社会学领域，用费孝通先生的话说，就是"各美其美，美人之美，美美与共，和而不同"。共生社会的理想状态一是要让每一个个体都得到自己更需要的、更适切的生长和发展；二是每一个个体都能克服贪婪与嫉妒，乐于助推他者成长，并为他者的成功而喝彩；三是能彼此成就、互相促进、共同发展；四是要杜绝同质化，尊重异质、发展异质，让世界因多样而精彩。

要达到这样的共生状态，需要遵循三个方面：首要前提是尊重异质，正如承认世界上没有两片完全一样的树叶一样，我们需要承认世界的多样性，承认文化、种族、生命体之间的差异，学会尊重，学会宽容。其次要能达成共识，面对多样化的需求要能相互沟通、相互妥协、搁置争议、相安无事，才能寻找到共同的关注点。最后要能达到群体共生，正如中国传统文化中的合则两利、斗则俱败智慧一样，最终找到共同利益，实现求同存异，得到各自发展与生长，这才是共生理想得以实现的根本动力。

究竟什么是共生教育呢？朝向共生理想的教育行为都可以

视为共生教育。但是就可以掌握的资料来看，真正给共生教育下定义的学者并不多。

日本学者坂田义教在他的《共生教育》一文中指出：共生教育，就是要通过教育使人们在这个大交易圈中生存。[①] 所谓的大交易圈，结合全文来看，是指世界各国联系到一起的一种结合体，简而言之，也就是人类世界。因此说，这个定义相对抽象，只描述了共生教育需要达到的目的，却缺少内容、方法的阐释。

山东师范大学的教育博士李燕认为：共生教育是指立足全球共同利益和人类长远利益，以共同性共生理念为核心，追求和谐发展，谋求人与自然、人与社会、人与人以及人与自我的共生和人类的永续生存与发展的教育。[②] 这个界定明晰了共生教育的价值目标在于共同利益和长远利益，并且明确指出了实现这种价值目标的关键在于实现人与自然、与社会、与他人、与自我的和谐共生。但是依然存在共生教育该做什么、怎么做描述不清晰的问题。

邱关军则认为：共生教育指的是在某种共生性的环境中促进具有共生性思维、人格品质与行为习惯的人才生成的教育。[③] 这一表述明晰了共生教育的两大要素，一是营造共生性的环境，二是培养具有共生素质的人。

日本广岛大学的虞嘉琦说：共生教育就是以共生为旨归的教育，就是培养知道共生、理解共生、能够共生、守护共生的

---

① 坂田义教，阿山光利，宗像哲男，刘高华，王小沪. 共生教育［J］. 四川师范学院学报（哲学社会科学版），2000（2）：72–75.
② 李燕. 共生教育论纲［D］. 济南：山东师范大学，2005：122.
③ 邱关军. 共生教育析［J］. 教育导刊，2010（8）：5–8.

人的活动。[①] 这一界定的亮点在于明确指出了共生教育培养什么样的人，从知道、理解到能够守护，最终实现知情意行的统一。

结合上述专家的表述，笔者认为：共生教育就是共同树立共生理想，并为之营造共生育人环境，创生共生育人策略，涵养个体共生品格，促进彼此和而不同的教育。共同的共生理想是共生教育的价值观，在具体的实施过程中，需要营造与之相匹配的育人环境与策略，最终的目标既包括了个体的共生品格，也包括了关系视角中的共生状态。

二、共生教育的特征

（一）共生教育强调基础的先在性

古今中外的教育体系中，无不蕴含着许多质朴的共生元素，这些共生的元素犹如纯净的流水，不彰不显，却无时无刻不在滋润着人的心田。例如，中国千年来流传的孔融让梨的故事，曾经有好事者批判，说人生而自私，让儿童时期的孔融让梨是一件不道德的事，这是对这一故事的曲解。孔融让梨的背后是在倡导每一个人愿意把自己喜欢的、美好的东西让给别人，这种让渡看似一种无偿的付出，可是当这种行为成为一粒种子，人人效仿之，那这种彼此的成全与关爱就会成为一种共生效应。再比如，大儒孔子说，"己所不欲，勿施于人"。这是一种最基本的共情与同理心，这样的同理心就是共生的基本内核。宋代诗人林逋说："和以处众，宽以待下，恕以待人，君子人也。"

---

① 虞嘉琦.暧昧的共生：共生教育的困境及其超克［J］.当代教育与文化，2018，10（1）：14-19.

宽容、和谐是中国传统君子教育中的核心价值观之一，所谓君子和而不同也。即使在国外，也概莫能外。马克·吐温说过：鼓励自己的最好办法，就是鼓励别人。威尔逊则言：理解绝对是养育一切友情之果的土壤。纪伯伦也有名言：一个伟大的人有两颗心，一颗心流血，一颗心宽容。可见，理解、宽容、互惠也是西方文化语境中的普世追求。

再看教育发展的本来趋势，马雷等人曾列表比较了工业时期和生态时期的教育范式，从表中可以看出，生态时期的学校教育范式与共生有着极大的一致性[①]：

工业时期的教育范式	生态时期的教育范式
科层制	共同体
控制	关系
独立	相互依赖
竞争	合作
孤立异化	归属
学生是工具	学生是目的
规模大、非人格	规模小、人格化
以教师讲授为主	服务学习、团队学习

综上所述，共生的理念不是对原有体系的全盘否定，也不是一种新的创生。共生的一些基本要素早就蕴含在社会、文化和教育发展的细节中。如果细细考究，学会共同生活、学会合作互助、彼此间相互尊重相互包容、正确应对个体与群体间不

---

① 王加强.学校变革的生态分析［D］.上海：华东师范大学，2008：26.

可避免的种种紧张关系、在有序合理的自然和社会环境中实现各自最优化的发展，等等，这些共生的要素都能在教育现实中找到影子。实施共生教育需要尊重和呵护这种先在的教育基础，唤醒传统教育中的这些积极因子，加以整合、建构，形成系统化的策略与范式，以适应新的历史时期新的发展需要。

（二）共生教育强调方法的涵养性

共生教育指向个体共生品格的养成，因此共生教育一定程度上可以纳入德育的范畴。从德育的视角来看，共生教育必须远离道德灌输，努力尝试在对话中获得和丰富体验，要在真实的情境中获得心灵的感悟，在不断的情感冲突与矛盾中淬炼，才能真正获得知情意行的升华，化身为个体恒久的信念。正如杜时忠教授所言："真正具有'道德'意义的道德教育，不是把社会现在的道德规范和行为准则灌输给学生，使学生成为一个个'美德的集合体'，而是启发和唤醒学生的道德自觉和道德良心，使学生树立道德理想，领悟人生意义，学会'怎样做人'。"[①]

共生教育强调方法的涵养性。所谓涵养，就是滋润、养育，讲究的是润物细无声，追求的是内在的觉醒与体悟。共生教育需要为之营造适切的环境与机制，让涵养成为可能。这样的环境与机制就是邱关军所言的共生性环境，共生性环境应该包括物态的与心理的学校文化氛围，还包括课程当中隐含的生命教育、生态教育、关怀教育、理解教育的意蕴，包括课堂上的共同体学习带来的彼此共处、彼此交往的机会。当所有的学习与

---

① 杜时忠.德育十论［M］.哈尔滨：黑龙江教育出版社，2003：23.

真实的生活交融到一起，真正做到了教育即生活，那么这种涵养就会水到渠成地促进品格的生长，培养共生的人成为值得期待的可能。

反之，如果离开了这种方法的涵养性，共生教育极易落入工具化的藩篱，最终与别的什么教育一般无二。当共生教育成了一句空洞的口号，一个抽象的标签，它就失去了应有的生命力，陷入繁华的表象之中，实质上却是依然故我，甚至培养出共生面具下的双面人，那是共生教育的悲哀。

（三）共生教育强调过程的互惠性

当今世界充满竞争。人与人之间激烈竞争，通过竞争的获胜来实现超越与上位，但一部分人在竞争中获胜带来的却是更多人的失败。激烈的竞争使得人际关系疏远甚至敌对，彼此处处设防，导致相互之间信息的阻隔、关系的紧张和情感的疏离。国与国之间因为资源与利益的争夺而激烈竞争，零和思维导致弱肉强食的丛林法则甚嚣尘上，一些弱势群体不得不组团加入对抗的阵营，以赢得相对安全的生存空间。不断加剧的生存压力又让人类将大自然视为需要征服的对象，过度开发导致生态恶化，进而威胁到人类的生存，反过来导致恶性竞争进一步加剧。

共生教育鼓励合作，规避竞争，因为竞争的弊端显而易见。但是，互惠是合作的根本动力，只有合作各方在合作过程中都能得到发展，获得利益，合作才有可能长久，这是基于人性的基本规律。因此，共生教育必须强调过程的互惠性。如何实现在合作中的互惠呢？首先要放下成见，不再把他人、社会、自然假定为自己的敌人，而是要将"他者"视为自己的朋友，相信其中每一分子都能以友好的方式与"我"之间发生积极的联系。其次要正视异质，善于在比较中发现并承认他者的亮点，取长补短，以弥补自身的不足，形成一加一大于二的合作效应。在倚重他者异质特征的过程中，还要助推、促进伙伴这种异质的不断生长，既能获得更长远的合作空间，又能避免趋于同质化带来的竞争苗头。最后要发展自我，每个个体在合作关系中收益于他者的同时，也在成为对方的他者，只有共同体中的每一个成员都在不断发展，合作过程中的互惠关系才能长久维系，团队内部的共生力才能源源不断。

（四）共生教育强调价值的多元性

共生教育自始至终都应该承认、尊重、包容价值观的多元，并在此基础上力求实现多元价值观的共存，进而努力达成共识，促进多元共生。离开了对价值多元性的承认以及如何实现多元共处、多元共生的探索，共生的根基不复存在，更勿言共生教育。

对话、争论、妥协是多元文化背景下达成共识、促进共生的主要路径。正如胡守均所言："既然人与人之间、群体与群体之间、个人与群体之间永远存在利益冲突，那么，斗争必不可免。但是，斗争不是绝对的，任何一方都无权取消对方生存发展的权利，不应赶尽杀绝，因此要有缓和、沟通、妥协，斗争达到妥协，以求共生。不可没有斗争，也不能没有妥协，斗争和妥协，都为了共生。"[1]

为了便于更好地在彼此交往或团体共建中形成妥协、达成

---

[1] 胡守钧. 走向共生［M］. 上海：上海文化出版社，2002：34.

共识，需要加强对多元文化的了解，彼此更多地了解有助于沟通效果的提升。对同伴性格、特长、诉求、观点的了解，交往意识与能力的提升，促进文化交流的国际理解教育，促进认识自然的环境教育，等等，都有助于增进对他者的了解，实现多元价值观的共存、共生。

（五）共生教育强调目标的整体性

很多教育主张最终的目标指向个体的优化发展。共生教育也包含了这样的通过个体获得共生品格、参与共生行动从而获得优化发展的目标，但是，共生教育的最终目标是基于个体共生素养提升基础上的社会共生，从而形成一种共生的社会福祉。在共生教育的框架之下，每个个体的发展是打造群体共生社会的重要媒介，社会共生的达成又会反哺共生社会中每一个良性参与的个体更优化地发展，这就是共生教育目标的整体性。

为了达成这样的整体性目标，在实施共生教育的过程中就不能拘泥于仅仅实现个体成长的狭窄育人环境，而是要构建学校、家庭、社会、自然四位一体的教育生态圈，让每一个个体置身于这样的生态圈中成长，并形成良性的互动，进而实现整

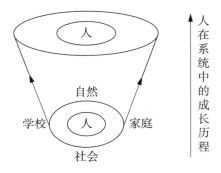

个生态圈的各自优化、共同成长。

如上图所示，圆台的底座代表了某一时刻人与自然、社会、学校、家庭之间的生态关系，即人在系统之中。当生态关系和谐的时候，人和他所处的生态圈都会不断成长。因而随着时间的推移，圆台的平面会不断抬高，而且平面的面积会不断扩大，但人始终处于系统之中。彼此关系的和谐程度决定了共生效应的强度，进而影响到人和其所在生态圈的发展高度。反之，如果人所处的生态圈关系不和谐，圆形就会变形扭曲，进而影响到发展的高度，圆台的高度会被不断拉低。

三、共生教育的实施策略

基于上述对共生教育内涵与特征的认识，在实施共生教育的过程中，从方法论的层面上需要遵循四大原则。

第一，尊重多元，以异质为资源。共生体现了对生态系统的整体关怀，在学校场域中，要表现出对每一个个体观念、文化、习惯等多样复杂性的尊重，对不同的个性、群性保持一种开放的心态，反对歧视与压迫。其实每一种存在的价值恰恰就在于他与众不同的个性特点，正是因为有了这种差异的存在，交往、对话才有了意义，彼此间相互依存的互动关系才得以形成，从而不断为每一个体带来旺盛的生命活力与发展动力。

第二，顺应自然，以生命为前提。共生不仅是一种生物间的自然现象，也是生物起源与发展的自然力量之一，是生命最普遍的生存方式之一，所以共生的生命是生命体本原意义的自然流淌，是生命体完整意义的畅达。共生教育需要做的是顺应这种天性，因势利导，助推成长，拒绝千篇一律的产品式教育，拒绝任何扭曲的、片面的生命发展形态。

第三，对话生成，以交往为路径。在共生的生态系统中，个体的发展不是孤立的，而总是在与他人相互作用的关系中实现的。正如马克思所说："一个人的发展取决于他直接或间接进行交往的其他一切人的发展。"共生教育离不开交往和对话，只有在对话交往的过程中才能发现差异、求同存异、达成共识。这种交往、对话绝不应该以消灭差别、走向共同为目的，而应该在交往与对话的过程中理解差异，摆脱自我中心主义，达到更高境界的融合，生成新的意义与价值，从而结成友好互动的关系，保持旺盛的生命活力与发展动力。

第四，协同发展，以和谐为指向。面对校园里日益弥漫的竞争硝烟，要让每个孩子认识到，学习并不是一场零和的竞争，彼此之间建立异质的学习共同体，做到优势互补、协同发展，反而能起到一加一大于二的效果。物质通过交换也许会各得其所，思想经过分享却会变得更加丰富。在知识获得、价值寻求、审美享受等精神财富方面，哪怕就是在物质上，人们的利益是完全可以互补共享、互利共赢的。在学校教育中，让每个个体不断参与这样共同体内的互补共享，体验互利共赢的快乐，有助于促进个体内心共生的种子不断生长。团体与组织的氛围也会在这种美妙的共生状态中愈发和谐，"各美其美，美美与共"的共生场景将深入每个个体的内心深处。

在这样的实施原则指导下，需要统筹设计共生的学校，从学校文化、教师团队、课程建设、课堂改革、道德涵养等多个维度发力，营造学校共生场，让学校成为每个生命个体走向共生的营养池。

在共生学校文化建设方面，需要举洪荒之力将校园打造成一个人人向往的共生之"理想国"。一是需要分析当前学校办学过程中普遍存在的矛盾与困难，引入教育生态学的视角，将组织制度与教师、学生、校园物态环境等都视作生态系统中的因子，努力促进这些因子关系和谐、个性化发展。二是要改良学校管理、运行机制，通过保持生态主体的民主平等、建立和谐畅达的主体交往、构建互利共赢的协同机制等方式来实现师生幸福完整的学校生活。三是要打造共生物态环境，让学校到处蕴含着共生的味道，身在校园，犹入共生之境。

在共生教师团队建设方面，需要全面激活每一位教师的隐含内驱力。一是要扫描当下教师生态的不快乐、不和谐，找到物质层面和精神层面的双重困境，重新规划教师发展的共生路径，引导教师制定个性化的成长规划。二是要营造卷入式的场景，通过前沿话题卷入、共生场景卷入、文化氛围卷入等多种范式，让每一位老师情不自禁卷入其中，并在不断成长的过程中体悟到自己的生命拔节，不断强化卷入磁场。三是要搭建多样化的舞台，倡导教师做学者型教师，保有一种未名教育家的情怀。学校要以未名教育家为核心，为不同发展阶段的教师构架未名教育家赛场、未名教育家舞台、未名教育家书屋、未名教育家讲坛的系列平台，促进他们拾级而上，不断品尝专业幸福的甜蜜之果。

在共生课程建设方面，要让师生共同参与到课程建设的过程中来，人人成为课程编制与实施的主体。一是从学会交往做起，通过交往教育课程的创建与实施，积极引导学生与自我、与他人、与自然、与社会进行有价值、有意义的对话与交往，以切实增强学生的交往意识，培养学生的交往能力，提高学生日常交往的质量，从而创造生动、互动、鲜活、多彩的成长世界。二是努力让每个人获得想要的课程，尽其所能设置多样化的选修课程和学校社团，满足每一个学生个性化的学习需要，让每个生命个体都获得更好的发展，做更好的自己。三是建立为生活而学的课程，引入项目学习的理念，让学习基于生活中的真实问题情境和认知困境，围绕自然之奇、科技之新、文化之韵、生活之美、生命之迹等维度，引导学生在深度学习的过程中加深对自然、文化、科技、生活和自我的内心关切。

在共生课堂改革方面，要从教育生态学的角度看课堂，将教师、学生、环境与技术、课程视为课堂生态的四大因子，努力促进彼此之间关系和谐，相互促进，让课堂产生奇妙的共生效应。共生课堂一般以项目和问题来驱动学习，让学习基于真实的问题情境；一般以板块的方式来推进学习进程，避免繁琐刻板的教学程序；在学习时主张先尝试再交流，充分调动个体学习能力，又发挥好团队优势。共生课堂追求生动且深刻的学习状态，强调在惊奇中开始，在渴望中等待，在思考中前行，在对话中顿悟，在融通中升华，在不舍中暂停。

在共生道德涵养方面，除了做好应有的家国情怀教育之外，也要立共生之德，树共生之人，要从四个维度培养孩子的共生品格：一是生成共生意愿，乐于与他人共生，与社会共生，与自然共生，与宇宙共生；二是锻炼共生能力，能自主、善倾听、乐分享、会创生；三是涵养共生素养，形成自由平等、尊重包容、互利互惠、立己达人的共生关系；四是怀揣共生理想，各美其美，美人之美，美美与共，和而不同。这些共生品格的养成，需要植根到民主、开放的班级生活当中，需要植根到以生命关怀教育、和谐生活教育、生态环境教育、国际理解教育等维度的德育过程当中，需要通过丰富多彩的活动嵌入到个体的生命历程当中。当涵养型的共生德育场域成功建构，个体的共生品格也就会自然生长。

（作者简介：周振宇，教育硕士，正高级教师，江苏省特级教师，全国首批未来教育家培养对象，江苏省苏教名家培养对象，现任江苏省海安市实验小学校长。）

〔此文发表于《江苏教育研究（理论版）》2022年10月刊〕

|链接二| 共存共生，跨界融合
——略谈我的教学主张

江苏省南通市通州区金沙中学　邱　磊

[**摘要**] 教学主张本质上属于一种个人的实践理论，是一种对教育实践的见解和主张。其外彰于教学风格（包含态度、风貌、品质和格调等方面），又内基于教育哲学，具有较强的稳定性和简明性。地理是一门探究"人地关系"的学科，"人地"因素的丰富性、多元性，与"关系"的共构性、一体性，共同启发笔者提出"共存共生，跨界融合"的教学主张，并在实践中予以探索和反思。

[**关键词**] 地理；教学主张；共生共存；跨界融合

地理作为一门横跨文理，纵贯时空，且以图文形意、系统思维为特征的学科，在传统的教育场域或语境中，纵有万般妙趣，却一直默默行走。随着新课改的持续深入，尤其是对"培养现代公民""落实立德树人"的迫切需要[①]，这门学科的重要性日益凸显。越来越多的目光、声音在此汇聚。如何应对新的时代需要，对课堂的理解、定位、实施、评价，呈现出更为开放

---

① 韦志榕，朱翔.普通高中地理课程标准解读 [M].北京：高等教育出版社，2018：4.

和建设性的方向？地理其实有着自己的独特优势。

一、教学主张的哲学基础

笔者在长期的思考和实践中，从不同的角度和方向，探索着课堂在现实困境中的突围与转型，提出个人的教学主张"共存共生，跨界融合"。所谓"共存共生"，指向地理育人的基本要素：生境（适应自然与社会环境）、生长（掌握知识技能，形成价值观）、生活（立足现实，朝向更美好的未来）。所谓"跨界融合"，则表示多要素、多视角、多学科下的深度融合，让地理学科更具科学、艺术和文化上的整理合力。

下面就此主张具体谈一谈，"共存共生"在教育哲学上来说，源自杜威的**实用主义**。这一主义讲究面对实际问题、不同问题，能有效地予以针对性解决。**实用主义下的本体论，认为教育的本质是"经验改造"**。经验是一种差异化（个性化）、发展化、多元化的客观存在。经验与每个生命息息相关，与成长更是脱离不了关系。在教育上来说，实用主义下的教育策略的实施，要朝向有助于学生"生长"（或者叫经验改造）的方向进行。一切教育教学的设计、展开、评价、修正，都是以此为核心的。所以，杜威有著名的"教育即经验的改造""教育即生长"之说。

同时，这种生长的情境一定是生活化的，古往今来，真实的问题都是来自生活（以及由生活发展而带来的工农业生产等），所以生活既是教育教学的场景，也是其素材、知识、技能、思维的来源。甚至可以说，学会生活就是教育的功能。这一点在地理上尤为突出，"学习对生活有用的地理"，正是这门学科的基本价值观。

关于共同体的认识，在杜威的观念中，共同体是一种社会协作（以一辆马车的零部件及零部件之间的组合、结构为例）形式。人作为一种"社会关系的总和"，承担自我角色、参与协作、共同成长，成为实用主义教育的一个基本立场。实际上，在当下的课程改革中，"合作学习""踊跃展示"等授课环节，正是这一思想的体现。需要强调的是，地理学科的二元性（人与环境），尤其是中国人认识人地关系中的"天人合一"，正好强调这种共存、共生的价值取向。

在实用主义的认识论上，杜威提出了以"行动"为中心的认知观。大家熟悉的"做中学"理论，即其集中体现。本人提出的"共存共生"中的"存""生"二字，既有生存、生活、生长等名词性的含义（如前述第一、第二条），也有动词性的一面，表示"存续"和"生长"（动词性，表示过程）。

"跨界融合"的提出，更是直接取自于"做中学"。"跨"为基础，以此为"做"，打破现有的学科边"界"，找到不同学科与知识的"地理基因"，形成地理与其他学科的潜在联结；"融"是手段，通过巧妙地构建地理与语文、数学、物理、化学等多种学科的联结，形成有价值、有意义的解构方式、呈现形态与教学逻辑；"合"是目的，即找到更为有效和深刻的教学路径与思路。

同时，"跨界融合"也有建构主义的思想在其中。此主义亦深受杜威影响，其认为世界通过新旧经验的交互而成，世界的本质是"建构"出来的，除此，并没有现成而静止的客观世界存在。"跨界融合"本身是一个建构的过程，并且是建构出一套新颖的，甚至是多少带些个人理性与文化质感的学科观察、认识与理解维度。

二、教学主张的实施策略

1. **强化是对实用主义理论的深掘，使教学主张更具理论厚度。** 本主张的主要哲学基础是杜威的实用主义，持续加强对杜威的深入研究，仍是需要一以贯之的工作；同时，针对杜威在中国的影响，尤其是"五四"以来，所影响的大批教育家、哲学家，他们的教育探索之路，也可作为本主张的理论指引之一。可充分利用好杜威"做中学"的教育专栏，使"洋理论"能实现本土化落地，更能依靠众多国内先哲的智慧，提升本教学主张的内涵和价值。

2. **有计划有步骤地记录典型教学案例，形成一定规模的课堂反思、随笔、实录等素材。**

3. **基于媒体平台，展现教学主张及其成绩：**《教师月刊》《星教师》《师道》《地理教学》等省级杂志，已经或多或少地介绍过相关内容。在进一步深度思考上，还需要进一步努力，争取能在更多的核心期刊上介绍本人主张。

4. **形成具有鲜明个性的实践突破口，并产生辐射效应或达到一定成果：** "共存共生，跨界融合"是知识和结构的再生产、再组合之过程，不同的人会有完全不一样的表现结果。因此，这也是集中体现教师的个人风貌与特质的地方。

A. **从理科层面予以"融合"：** 与北京博雅云课堂合作，形成 20 节课的"光之穿越"课程，取得一定的反响。另有 20 节的"水之物语"课程，正在推进中。

B. **从文科层面予以"融合"：** 与华东师范大学地理课程基

地合作，参与撰写"地图上的新中国"成就；与春风文艺出版社合作，开发《古诗词中的地理课》，并于2021年9月出版四卷本专著。

C. 从传统优秀文化层面予以"融合"： 以通识论，中华传统文化是一个集思想、汉字、典籍、艺术、建筑、历史、哲学等为一体的大系统，而中国古代地理学即为中华传统文化的重要组成部分。其典籍如《山海经》《禹贡》《水经注》乃至《徐霞客游记》等，无不承载了中国古代学者对山河大川、天象气候、地形地貌的描述，以及对当时社会的区划、聚落、民生的详细记录……若进一步说，从文字起源算起，就蕴藏着不少地理印记，看来，以地理为轴，辅以传统文化之力，彼此融通纵横，共存共生，是体现教学主张再好不过的途径。

三、教学主张的实施案例

（一）汉字文化与地理联姻

众所周知，源远流长、博大精深的传统文化是以汉字为主要载体的，它的造字原理、结构、含义、发音，以及在科学、美学和哲学上的高超智慧，使之成为一座巨大的矿藏，供后人取之不尽，用之不竭。更为重要的是，汉字隐秘地透露着中国人共同的文化心理、民族记忆和价值伦理，它如同一条连接着上下千年、纵横万里的血脉，生生不息地滋养着每一代中国人，而在地理方面，它对渗透和提升关键能力也有着得天独厚的优势。

在学校现有的学科体系中，地理与汉字有紧密的关联度。研究发现，汉字在形成之初，有七成是"象形字"（类似水平高超的简笔画）和"表意字"（通过图形组合，表达特定含义）。其之所以又被称为"方块字"，就是因为"一字一图"的鲜明特点，而地理一向将"图"视为"第二语言"，培养读图、识图、解图的能力可以说在潜移默化的"说文解字"中就解决了。

从内容上看，日月、山川、河流、草木、鸟兽等自然事物，人口、城市、生产、建筑等社会事物，图腾、器具、地产、生物等区域事物，都是汉字的取材范围。显然，如能充分挖掘，地理这门古老而厚重的学科就能以"汉字"为枢纽，有效联合学生已有的知识经验、生活常识、家庭背景和地域文化，一扇新的大门就此开启，学科新型的建构角度和组织形态更会让人莫名兴奋。

事实上，笔者曾在一次教学实践中大受裨益：

有一回，我在课堂上注意到一位姓姜的女生不是特别有精神，学习有点懈怠，恰巧当时说到黄土高原，我就临时插了一段：

> 从上古时代开始，炎帝与黄帝即在黄土高原一带逐鹿，当时气候温暖，水草丰盛，畜牧业发达，氏族以"羊"为图腾——证据就是汉字中的"美""祥""善""鲜"等，凡有美好寓意的，多始于此。部落生育儿子的，即姓"羌"（"羊"+"儿"）；生女儿的，即姓"姜"（"羊"+"女"），这两个古老的姓传到今天已经将近5000年了，更重要的是，他们是炎帝的直系后代，我们理应对他们更加尊重。

听到"直系后代"四个字，学生的眼睛都直了，教室里特别安静，众人都不由自主地将目光投向那位姓姜的女同学，而她似乎有点激动，没料到在地理课上竟然得到如此"尊荣"，不好意思地朝大家笑了笑，还跟我吐了吐舌头，气氛活泼而融洽。

春风化雨，润物无声，这种教育、教学合一的"提醒方式"，既无须教师苦口婆心，也无伤孩子自尊，双方各取所需，文字之妙，张弛之道，可见一斑。

这样的案例还有很多，不必赘述。简单地说，课堂上"汉字-地理"的表达和演绎，主要有这样几种方式：首先，是单字形，即以"一字一图"的方式来表达一个完整的知识点。其次，是对字形，多是意义相反的两个字，以强烈对比的方式来突出知识重点。比如讲到地形与气候的关系，在汉字文化中"仙""俗"两个字就特别具有代表性。为什么那些修道成仙的人都喜欢躲在深山中，而居在地势较为平坦的谷底之人却常叫作"俗人"？究其原因，还是和气候有关：清气轻盈而抬升（海拔越高，空气密度越小，杂质较少），浊气污重而下坠，所以登高之处，空气清新，适宜修身养性，而市井混杂、尘土飞扬的地方，当然只能叫"尘世"或"俗世"了。推而广之，以"育人"的立场来看，人之所以要往高处走，也就不难理解了。

（二）地名文化与地理联谊

中国人非常讲究"名"。所谓"名者，命也"，孔子更是说："名不正，则言不顺；言不顺，则事不成。"一个地方的地名必与其命运休戚相关。地名可以广泛地反映当地的自然地理、人文地理和区域地理特征。可以说，通过耳熟能详的地名，我们架构起一道连接学生固有经验与地理知识的大桥，不但能增进学习效率，更以一种潜移默化的文化力量，让学生能"究天人之际，通古今之变"，从此不再是外界的灌输，而是在真实可感的时空序列里，自然生长、繁茂。

我们的祖辈在文字中透露了许多世人恍然不觉的细节。比如，从省级（或等同省级）地名简称来说，浙、沪、渝、湘、港、滇、澳等多带"水"旁，可见当地近水，气候较为湿润，一个"苏（蘇）"字更是点明了当地乃水草肥美的鱼米之乡，上述皆系南方；北方省份，如晋、鲁等，多带"日"旁，可见当地气候略干，而陕、陇之地，虽看不出干湿状况，但可知地形势必崎岖（汉字中左耳旁源于甲骨文"𨸏"，这是"悬崖"的象形，后用来表示山地）。相反，地名中含有"原"或"塬"（两字相通，本意是广袤的平地）的，则表示地势平坦，如山西的太原，陕西的五丈原、洛川塬，甘肃的董志塬等。

如此地名，学生都耳熟能详，但可惜很少知其中的义理与奥妙，当我们从文化的角度稍作解构，则能起化腐朽为神奇、于熟悉处见风景的奇效。笔者当地，地名多含有"灶""总""甲"等汉字，如姜灶、二甲、五总等，笔者之学校又是整合之新校，不少学生拉帮结派，自称"二甲系""姜灶帮"等，颇叫人头疼。一次地理课，笔者逮着机会为之"疏通"：南通之地，自古产盐，许多地名多是当时盐业编制遗存的产物。"总"即盐场内生产区域名字，类似于今天的"镇"，"甲"类似于下面的"村"，"灶"本是燃火烧盐的设备，现相当于"组"。从文化的根脉看，大家"本是同根生，相煎何太急"？一番开导，让不少人赧颜。

地名文化，还远不止于化解干戈，用之得当，足以激励人心，融通行知，形成"大地理观"的气象。一次在盐城上课，内容是关于我国南北方的地理交通，在备课时偶尔关注了盐城的地图——发现"响水县""滨海县""亭湖区"等地名与"水"有关，而"射阳县""建阳县"等，又与"阳"相近。两相对比，颇生趣味，转念一想，这正是上乘的教学素材！

师：我们盐城有很多地名带"水"，说明或临水临湖，或气候湿润、降水丰沛，交通方面水路较为发达；但又有很多地方带"阳"，也就是说气候稍稍偏干一点，水略有不足，交通上陆路有优势。大家可能记得，我国的南北方有干、湿之分，而那条著名的南北地理分界线——知道在哪儿吗？

生：（齐答）秦岭—淮河一带。

师：正是！可大家或许没想到，这条线正好延伸到咱们盐城的中部，所以盐城的地名中才又是"水"又是"阳"的，水陆交通都便利。我们的教室就坐落在享誉海内的地理分界线附近呢！（学生惊呼）

（三）经典文化与地理联谊

所谓"经典"，是指名经重典，包括传世的诗词歌赋等。此领域与地理有关的内容非常可观，且尚未得到足够的重视，可以说，将来必是一个颇有前景的发展领域。

先来谈词句。许多经典的词句，本身即来自对某些具体区域地理特征的概括，知晓率高，学生容易感受并进行互动。比如耳熟能详的"刀耕火种"（对原始农业种植方式的精确概括）、"中流砥柱"（取自于黄河中游的侵入岩"砥柱石"）和"蜀犬吠日"（趣味性地描述四川地区因多雨而缺乏光照的事实）等。同时，传统文化中的词汇取材广泛，形式多样，像"南米北面"的饮食文化（与不同气候、土壤等条件下的区域地理环境有关），五行五色（与我国在空间位置上的气候、植被、矿藏、土壤有关）的思想文化等，对拓展学生眼界，培养发散思维和创新思维具有现实意义。

由此可见，简洁明了却意味深长的成语是一种非常重要的地理教学资源。这一浩如烟海的广阔天地中，蕴藏着大量的地理现象和表征，其背后又直接关联于地理原理和地理思维，放在今天的教育背景下，这对地理关键能力提升具有特别的意义。"因地制宜"这一成语现被用于总结农业布局中，并派生出"宜农则农、宜林则林、宜牧则牧、宜渔则渔……"等多种"二级成语"，但从核心思想看，其透露的正是地理学科最具"存在感"的人地关系论。

所以，传统文化的一大魅力就在于，它不需要按照教科书的章节逻辑去步步铺陈，而是以图景式的细节描绘（如"泾渭分明"）、时空交叠的宏观呈现（如"沧海桑田"）等最有"地理味"的方式"直指人心"，让学生一开始就以地理的思维建构地理，牢牢筑立起他们的"观念地层"，这比多少乏味的空洞说教和叫人上火的应试过载都来得有价值。

再谈经典句章。经典古文多存在于语文课本之中，在地理学科教学中有什么价值呢？这之中，自有其奥妙，我们不妨先看笔者的一个教学案例：

　　一次讲到地形塑造，我以"洲"为例，说到"洲，指水中的……"下面一个声音突然响起："关关雎鸠，在河之洲！"同学们听到，纷纷扭头看始作俑者，并哄笑了起来。课也自然被打断了，有人安慰我说："老师别在意，他老这样。"

我正为找不到课堂的突围而苦恼，忽听到那一声喝，突然"心念一动，震动四方"，感觉可以做做文章。于是，我主动"示弱"，请那位学生谈谈这句话的意思。他开始有点不好意思，扭扭捏捏地站起来："就是水鸟在水中歌唱。"一听有谱，我便继续说道："你很厉害，连两三千年前的《诗经》也有所了解。但请问这个'洲'指什么？""指水里。""哦？讲讲理由。"

"因为这个字是三点水旁啊。"他倒也直率。

既然说到这里，我觉得，恰是点题的好时机，转身在黑板上画了三个横排的小圆圈，相间处，再添三条呈"S"型的纵线——"古人画三个'S'表示流水之势，慢慢地，演变成今天的'水'字；用三个小圆圈表示水中的陆地，比如小岛之类。这整幅图正是我们今天的'州'字。而且，'州'是'洲'的本字，因为后被借用成行政单位了，比如'苏州''常州'，就只好另造一个'洲'字来替代"。

以"诗歌"为肇始，笔者遂将单句、孤散的诗歌"升级"成名经重典的引用，后者的历史厚重感和思辨逻辑都超越前者。"碌碌如玉，珞珞如石"（《道德经》），讲的是不同岩石间的纹理、色泽、质量的殊异，并推及埋藏环境、形成条件的影响；"履霜坚冰至"（《易经》），可从冷暖锋过境前后的天气变化、气温升降等天气系统的角度分析……

事中学：因事探理、经事明理、
　　　　　　 以理行事、事理相融

江苏省南通市通州区实验中学　朱　建

《义务教育生物学课程标准（2022年版）》指出，"生物学课程要培养的核心素养，主要是指学生通过本课程学习而逐步形成正确价值观、必备品格和关键能力，是生物学课程育人价值的集中体现，主要包括生命观念、科学思维、探究实践、责任态度"。（注：普通高中生物学课程标准中的表述为生命观念、科学思维、科学探究和社会责任。）

只是，这样一种指向学生核心素养的培育到底该怎样实施？作为一名有着丰富的初高中教学积淀的生物学教师，我的主张是"事中学"，即学生在做事的过程中学习、成长。具体到生物学教学，就是学生在做生物科学之事的过程中学习、成长，获得生物学科核心素养的提升。"事中学"主张的提出，建立在我20多年的教学实践与课题研究基础之上。

从最初2006年"事件策略"作为一种教学策略提出，到2012年至2017年间，我主持的江苏省"十二五"教育规划课题"事件策略在中学生物教学中的应用研究"的深度研究，再到2018年至2022年间，我又主持研究了江苏省教育科学"十三五"规划课题"基于'事件哲学'的中学生物学科关键能力培养研究"。

尤其是"十三五"期间，基于事件哲学"事件""主体""真理"的追问和思考，形成了"事中学"的明确主张，并明晰了"事中学"主张在生物学教学中运用的"因事探理、经事明理、以理行事、事理相融"具体原则。这是一个漫长而又艰辛的探索过程。

一、从一个研究性学习说起

2006年春节刚过，我服从学校的工作安排，中途接了一个高二年级的班，担任班主任和生物教学的任务。当时班上的学生对生物课的学习似乎不太感兴趣，我一直想找一个办法来解决这一问题。正好当时学校要我策划一项活动，主题是"拒绝毒品，预防艾滋"。我就灵机一动，在自己班上发起了一项研究性学习活动，主题是"红丝带在飘扬——艾滋病知识的收集与宣传"。这既与生物课中"关于××信息的收集与整理"有关，可以激发广大同学学习生物的热情，同时又与学校活动的要求一致，对学生开展一次系统而又深入的预防和宣传艾滋病的教育。

研究性学习都有一定的开放性，尤其是活动的组织。起先学生们找到我，叫我以命令的方式下达分组指令，制订研究计划。而我当时刚接这个班，对班上学生的情况并不熟悉，如果生硬地去划分，可能并不合适，于是就用了激将法："这点事情还要班主任管？这次活动，我只是生物老师的角色，只负责解决知识上的困惑，其余一概不管。"

在协助大家整理收集材料时，我被孩子们的工作惊呆了，在那个学校上网还不是很普遍的年代，有的同学是从报纸上剪贴复印的，有的是写好要求让朋友或哥哥、姐姐帮着上网查，然后打印好了寄过来的，还有的是用手抄写的……那么厚的一沓，都是他们想方设法收集到的。再看活动记录，他们注意到了男女生搭配，注意到了会说的会写的和平时比较内向的同学搭配，注意到了走读生和寄宿生的搭配，还注意到了会讲本地话的与不会讲本地话的同学搭配，注意到了时间上松与紧的搭配，还注意到了先做什么，后做什么……

我是个"势利"的老师，因为我时刻都在关注我的学生考试成绩是否优秀，而这一次，也着实让我如愿以偿了一回。高中生物课有一个重要内容是人体的免疫，在他们完成课题研究之前，这些内容还没有涉及，后来到单元测试的时候，我班上的均分居然比别的班级整整高了5分！究竟是什么原因导致了这样的结果？我专门调查分析了事情的前因后果。

原来，为了完成课题研究中宣传的任务，他们需要至少一份宣传单，但这宣传单该写什么呢？他们想到了要写致病的机理、危害、对艾滋病应有的态度。那到底是怎样的机理呢？他们找到了有关病原体的知识，而病原体是如何让人患病的呢？他们查阅了免疫学的内容，在基本弄清相关知识的时候，想到的第二个问题是到底该建议人们以怎样的态度来对待，于是又分析了人们现有的态度是怎样的，原因是什么，等等。他们从个体、家庭、社会、国家多个层面都分析了，他们还回顾了过去，设想了未来。直到今天我进一步领悟到，表面上是在为了更好地告诉别人，其实，最基本的还是告诉了他们自己。我不禁提醒自己，这不就是对他们本身进行"拒绝毒品，预防艾滋"

教育的最好方式吗？ ①

　　这个事件引起了我深深的思考，为更好地理解"事件驱动"，我使用了一个物理学中的模型来作类比解释。一个烧杯里面放了半杯水，里面的水分子都在做无规则的自由运动，但是，如果这时在烧杯的底部点燃一盏酒精灯，那么底部的水分子就会因为加热的原因而上升，上部的水分子则沿着烧杯壁下沉到烧杯底部，然后再从加热处上升。所有的水分子都加入到这种有序的运动中，直到酒精灯不再加热。有人把这个称为**耗散结构**的一个最简单的模型。简单说，水、烧杯、点燃的酒精灯构成了一个简单的系统，火焰提供的能量让水分子的运动从无序到有序。由学生、老师、教材、教学媒体和教学策略等各种要素组成的课堂，也是一个系统，要这个系统以有序的方式向前推进，同样需要"能量"，而"能量"可以来自——事件驱动。

二、"事件策略"的提出

　　陶行知在《南京安徽公学办学旨趣》一文中说："科学的精神，美术的精神，大丈夫的精神，都不是凭空所能得来的。我们要在'必有事焉'上下手。我们要以事为我们活动的中心。研究学问要以事为中心；改造环境要以事为中心；处世应变也要以事为中心。我们要用科学的精神在事上去求学问，用美术的精神在事上去谋改造，用大丈夫的精神在事上去锻炼应

---

① 朱建. 放一放手，他们会飞——记研究性学习《红丝带在飘扬》[J]. 中国教师，2008（10）：43-44.

变。"陶行知的这段话给了我极大的启发，让我开始有意识地在日常教学中不断使用类似的教学策略，并将其取名为"事件策略"。

受此启发，我于 2012—2017 年间主持了江苏省"十二五"教育规划课题——"事件策略在中学生物教学中的应用研究"，对事件策略在中学生物教学中的具体应用做了深入的研究，厘清了核心概念，探索了实施策略，积累了课程资源。

"事件"本意是历史上或社会上已经发生的大事情，这里专指生物科学事件。根据来源可简要区分为"已经发生的事件"，如生物科学产生和发展历程中带有重大转折作用的课题及事件；"正在发生的事件"，如正在进行的生物科学研究项目，社会生活中涉及生物科学的新闻事件等；"人为设计的事件"，如教师设计的、带有任务驱动性质的生物学探究实验或研究性学习任务。

简言之，"事件策略"就是让学生在生物科学事件中学习、成长的策略。"事件策略"是围绕学生核心素养的培育，积极运用生物学领域存在的各种"事件"，甚至创设原本并不存在的"事件"，是把学生"放"到具体的"生物科学事件"当中去，让学生以主体的地位参与生物学习，能够更好地培养学生的生物学科核心素养，帮助学生树立生命观念、形成科学思维、掌握科学探究的思路和方法，具备开展生物学实践活动的意愿和能力。

作为课程资源，生物科学事件中蕴含着极为丰富和重要的内容，如科学家们的创造性劳动，生物科学探索的思维过程和方法，生物学发展的逻辑和社会历史背景，都是培养学生科学素养的生动教材。作为教学策略，把学生"放"到具体的生物科学事件当中去，让学生以主体的地位参与生物学习，可激发学生探索的热情，更好地促进学生在生物学知识，科学探究的技能和思维品质，情感、态度与价值观，以及对科学、技术和社会的认识等领域的全面发展。

但在"事件策略"课题研究的后期，课题组面临着一个新的困惑：尽管已经初步建构了"事件策略"的操作模型，但是关于"事件策略"的本质、目的、价值、方法等还需要进行哲学意义上的追问和思考，以便形成新的具有教育学意义的价值伦理和操作范式。法国哲学家阿兰·巴迪欧在怀特海"事件思维"的基础上创建了"事件哲学"。在《存在与事件》一书中，阿兰·巴迪欧以"事件、主体和真理"三个核心概念贯穿其中，"事件哲学"成为我们解决困惑的哲学视阈。

因此，2018年至2022年间，我又主持研究了江苏省教育科学"十三五"规划课题："基于'事件哲学'的中学生物学科关键能力培养研究"，在"事件策略"的基础上提出"事中学"的主张——因事探理、经事明理、以理行事、事理相融。因为此处除了强调事件的"事"，还特别强调真理的"理"，所以，基于"事中学"主张的课堂建构，又被称为"事理课堂"。

三、基于"事中学"主张的"事理课堂"建构

（一）"事理课堂"中的事件

"事理课堂"中的"事件"概念，"十二五"中的"事件策略"研究已经做出了回答，并探索了"事件资源"提炼、转化的途径和方法。

经典事件，在传承中学习。所有的学习不能也不可能脱离前人的研究成果。例如，在生命科学发展历程中，细胞学说的提出、光合作用的发现、孟德尔遗传规律的发现、达尔文自然选择学说的提出、胰岛素的发现、DNA是主要遗传物质的观点的得出、DNA双螺旋结构的发现……我们在教学过程中"重现"当年生物学家的历史困惑，让学生模拟当年的探索过程，从中获取知识、学习方法、训练思维，培育素养。

预设事件，在情境中学习。生命科学史是丰富的生物学"事件资源"宝库，但这些经典事件毕竟有限，而学生的现实生活中同样有丰富的可用资源。比如，教学绿色植物的蒸腾作用时，教师提供玉米一年蒸腾作用失掉的水分几乎占到所吸收水分的99%，引发学生对植物水分代谢机理的关注。再比如，新冠疫情下，假如请初二同学模拟担任学校保健老师，应当承担哪些工作任务、注意哪些重要事项能有效激发学生的学习愿望。

生成事件，在碰撞中学习。"动态生成"主张在教学中要充分利用各种预设之外的生成性资源。课堂教学中生成的"事件"非常常见，此处另举一个综合实践中的例子，在参观无公害葡萄园时，有同学发现在葡萄园的一角有好多用过的农药包装袋，这引发了同学们的激烈讨论。后来教师引导同学们通过进一步的资料查阅和专家咨询，搞清楚了无公害和农药之间的关系，不仅消除了误解，更是增长了植物生长调节剂的知识。

（二）"事理课堂"中的"主体"

关于"主体"的概念，在教学中有多种不同的理解，也有很多的争议。新课改提出"教师主导、学生主体"，最主要的原因是"以往的课堂，教师活动多，学生活动少"，因此新课改强调要让学生成为课堂的中心。特级教师李海林比较分析了中国和美国教育界都强调的"以学生为中心"，他认为中国的"以学生为中心"是指"课堂里学生的活动多过老师的活动""学生的活动占据时间和空间的中心"；美国的"以学生为中心"是指"真正让你成为中心，就要让你学你想学的东西。你在学自己想学的东西，无论搞不搞活动，你都是中心"。

"事理课堂"承认新课改强调的"以学生为中心"的主张，但本课题组中所说的"主体"，更主要的是指哲学意义上的"主体"，和"客体"相对，指对客体有认识和实践能力的人。用通俗的话来讲，就是在课堂教学中，这个概念不是老师告诉学生的，而让学生自己以"第一视角"去体验、探索、思考、辩论、表达、展示，是学生发现了这个概念，学生在运用这个概念，或者是学生"修正"某个概念。换言之，"事理课堂"强调的"学生是学习的主体"，并不单指教师在教学中要重视学生的活动和学生的需要，引导学生的主动学习，而且要给学生在"学习实践中认识和改造世界的人"的角色和地位，这样的学生才是真正意义上的"学习的主体"。

（三）"事理课堂"中的"真理"

真理，在哲学上讲是客观事物及其规律在人的头脑中的正确反映。"事理课堂"视阈下的"真理"有几个维度的理解。

一是"真理"本身，可以用课程标准中的"生命观念"来理解。《义务教育生物学课程标准（2022年版）》中说，生命观念是从生物学视角，对生命的物质和结构基础、生命活动的过程和规律、生物界的组成和发展变化、生物与环境关系等方面的总体认识和基本观点，是生物学概念、原理、规律的提炼和升华，是理解或解释生物学相关现象、分析和解决生物学实际问题的意识和思想方法。生命观念主要包括生物学的结构和功能观、物质和能量观、净化与适应观、生态观。

二是为探寻真理而让学生参与的一系列学习活动或学习过程，其中蕴含了科学思维的培养、探究实践的过程，以及态度责任的形成。这层含义的解释，如果模仿"生活教育"理论"为了生活、通过生活、在生活中"句式，可以表述为"为了真理、通过真理、在真理中"。在厘清了"事理课堂"中"事件""主体""真理"的具体内涵后，"事理课堂"的操作就是为了培养学生的生命观念，在生物学课堂教学中巧妙运用各种生物学事件资源，让学生以主体身份参与，遵循科学思维、开展探究实践、形成态度责任，从而培养学生的核心素养。

（四）"事理课堂"的一个例子

比如，我在教授初中生物自然选择学说中的片段。

老师：要弄清楚枯叶蝶是怎么进化而来的，还要讲讲我的另一个发现。大家有没有见过剖鱼？有时一条雌鲫鱼的腹中，会有很多鱼卵，数以千计。我们想想看，就一条雌鱼，如果再给它配一条同种的性成熟的雄鱼，把它们放在你家后面的一条小河里，顺利地产卵受精，顺利地孵化，那么一对鲫鱼就可以产生数以千计的小鱼。

学生：老师，我们的确见过雌鱼的腹中有很多的鱼卵，但是，河里却并不到处都是鱼。这是为什么呢？

老师：是的！有的鱼哪儿去了呢？

学生：死了。

学生：被黑鱼吃掉了。

……

老师：反正就是它没有活下来。关键的问题是——为什么有些鱼活下来了，而另外一些鱼没有活下来？

（学生讨论，发表意见。）

学生：在遇到黑鱼时，有的鱼发现后及时逃掉了，有的鱼却呆头呆脑没有发现，没有发现可能就被吃掉了，说明智商有问题。

学生：还有两条鱼都发现了，但是有条鱼游得很快啊，然后啊，游的慢的那条被吃了。这要比游的速度快慢了。

学生：也有的鱼比较灵巧，发现食物的本领更强，有的愣头愣脑的，找食物本领差，就可能饿死了。

老师：那么剩下的活着的鱼和死去的相比，它们是不是有些不同？

学生：更强大。

老师："更强大"是个很宽泛的词语，我们可以说得更具体一点。

学生：反应更灵敏，游泳速度更快，生存能力更强。

……

（老师重新提起枯叶蝶的话题，请同学们模仿刚才的讨论来分析枯叶蝶的进化历程。）

学生：枯叶蝶拥有过度繁殖的能力，能够产生大量的个体。

（老师板书：过度繁殖。）

学生：因为遗传的原因，它和它的子代保持了某些连续性；但是又由于变异的原因，有些个体长得像枯叶，有些不太像。

（老师板书：遗传和变异。）

学生：当它的天敌来捕食的时候，那些比较像枯叶的不容易被发现，所以它们得以逃生，而不太像枯叶的蝴蝶容易被发现并被捕食。

（老师板书：生存斗争、适者生存。）

师生小结：这样日积月累，经过很长时间的自然选择，就得到了今天我们看到的枯叶蝶的类型。

（老师进一步延伸——环境的多样性，造就了生物的多样性。）①

四、基于"事中学"主张的项目式学习实践

项目式学习是一种建构性的教与学方式，教师将学生的学习任务项目化，指导学生基于真实情境提出问题，并利用相关知识与信息资料开展研究、设计和实践操作，最终解决问题并展示和分享项目成果。在中学生物学教学过程中，因为真实情境的鲜活、复杂，项目所涉及的学习任务通常突破了原有的学科体系，既有学科内不同主题间内容的交叉，又有超越生物学科边界与其他学科跨界融合的可能。所以，在中学生物学教学过程中开展项目式学习，既能够实现生物学学科核心素养的培

---

① 朱建. 听达尔文讲进化论——事件策略在教学中应用的一个例子 [J]. 师道，2016（11）：23–25.

育，又能够拓展链接到多个方面，进而实现学生综合素养的提升。这与"事中学"主张的要义高度吻合。

我曾指导学生开展过一个"南通花露烧酒的文化溯源、酿制机理、传承与变革"项目式学习，学生通过文献研究、社会调查、实地考察、实验室检测和家庭实践等方法，系统研究了南通花露烧酒的起源、机理和变革。此案例源自真实的生活情境，基于生物学科又超越了生物学科，具备项目式学习的基本特征，将该案例置于"事中学"主张的视域下进行分析，可为生物学科项目式学习实践带来启示。

（一）基于"实事"的项目选题

项目式学习能取得怎样的效果，选题很关键。优秀的生物学科项目式学习的选题往往需要兼顾三个方面：一是项目要基于生物学科；二是项目要源自学生生活；三是项目要具备拓展空间。三者兼顾，学生方能在"实事"中求取真理、获得成长。

强调项目要源自生物学科，是因为生物学科的项目学习应当具备生物学科属性，意即项目式学习的选题应当具有教学价值。强调项目要源自学生生活，是因为项目式学习往往需要学生具有持续的关注力和动力。只有源自学生真实生活的真情境、真问题、真任务，项目才能拥有持久的吸引力和驱动力，意即项目式学习的选题应当具有生活意义。

强调项目要具备拓展空间，是因为项目学习是一个立体、多维、延展的学习过程，选题既有生物学科的属性，又有超越生物学科的跨界特征；既有生命观念的指向，又有科学思维的培养和探究实践的操作，还有态度责任的培育；既有生物学科的观察、实验等生物学科本位的能力提升，还应有表达、汇报、展示等学科本位之外的成长积淀。

例如，《义务教育生物学课程标准（2022年版）》强调："生物学与社会·跨学科实践包括模型制作、植物栽培和动物饲养、发酵食品制作三类跨学科实践活动。通过本主题的学习，学生能够认识生物学与社会的关系，能够理解科学、技术、工程学、数学等学科的相互关系，并尝试运用多学科的知识和方法，通过设计和制作，解决现实问题或生产特定的产品，发展核心素养。"具体到花露烧酒项目中，分析成分、探究机理、寻根溯源，既有学科价值，又有生活意义，更有培养学生关键能力的拓展空间，可以看作典型的生物学项目式学习选题参考对象。

（二）基于"求是"的项目实施

"格物致知"，是儒家哲学中对于认识论的命题，语出《礼记·大学》。如果对不同哲学家的观点进行概括和总结，可以认为宋代朱熹更偏向"理在事中"，重点在"致知"，可以称之为"因事探理"；明代王阳明更偏向"理在心中"，重点在"格物"，可以称之为"经事明理"；毛泽东强调实事求是，在基于"实事"、为了"求是"之外，还在于作为工作的指导，可以称之为"以理行事"，其整体特征便是"事理相融"。

因事探理，意思是通过项目式学习，学生找到了问题的答案。例如，本项目中学生在专家访谈、文献研究、厨房实践之后，详尽记载了南通花露烧酒的酿制过程，知晓了花露烧酒酿制过程中主要的生化反应，测定了花露烧酒的酒精度、可溶性糖类的含量、pH、微生物及有害物质的残留等，这些都是具体的答案。此处，学生的成长主要体现在"致知"中"知"的发现上。

经事明理，意思是通过项目式学习，培养了学生科学思维，知晓了应当承担的社会责任以及对待相关社会事务的正确态度。例如，学生在花露烧酒的项目式学习中，使用了社会调查、专家访谈、实验室检测、厨房实践等研究方法，在研究花露烧酒的酿制机理和理化特征时，运用了比较研究的方法，甚至还包括为了汇报学习制作 PPT，这些方法的习得、技能的提升、责任的培养、态度的形成等正是王阳明强调的"格物"中"格"——人的成长。

以理行事，意思是通过项目式学习，学生能够正确运用自己习得的知识、发现的规律、科学的思维、顽强的毅力等来解决问题、完成任务。例如，学生在探明花露烧酒中含有丰富的小分子多糖时，提出这些成分可能有利于人体肠道中双歧杆菌生活的猜测，在理解封缸陈酿过程中主要发生美拉德反应后，提出提升封缸阶段的环境温度可以缩短陈酿过程的时间，从而提高花露烧酒生产效率的设想。

（三）基于"成长"的项目评价

项目式学习的成效如何，需要进行科学评价。而关于项目式学习的评价，不同的评价标准往往会得到不同的评价结论，"学生获得了怎样的成长"应该是任何学习过程都要关注的问题。以花露烧酒项目式学习为例进行总结，学生获得的成长可以从项目任务的完成、学习方法的选择和关键能力的培养等维度进行评价。

首先，关注项目任务的完成。在一个具体的项目式学习中，学生完成既定的学习任务，找到了问题的答案或者解决方案，获得了最直接的成长。例如，在花露烧酒项目中，学生在一定程度上探明了酒液成分，知晓了酿制机理，与确立该项目学习之前相比，很明显拥有了知识成长。当然，如果因为条件限制或者改变，在项目进展的过程中对项目任务进行合理调整，也是可以理解的。

其次，关注学习方法的选择。"事中学"主张下的项目式学习，特别强调学生的"主体"地位，所以在项目评价中，要关注学生自主学习有没有得到体现。项目式学习通常是一个立体、多维的"长周期作业"，这就需要多人合作。例如，花露烧酒项目中，虽然自始至终是一个学生在开展，但是在这个过程中，学生借助了非遗传人、民俗专家、检验检测中心技术人员的力量，并有辅导教师的指导，这些都是合作学习的方式。生物学是一门实验科学，因此生物学项目式学习中必然要包含观察、记录、实验等探究过程。总之，生物学项目式学习，必然要体现自主、合作、探究学习的方式和要义。

最后，关注关键能力的培养。"基于学科素养导向，承接学科素养要求，结合学生认知发展实际，高考评价体系确立了符合考试评价规律的3个方面的关键能力群：一是以认识世界为核心的知识获取能力群；二是以解决实际问题为核心的实践操作能力群；三是涵盖了各种关键思维能力的思维认知能力群。"或许这些能力无法从定量的角度进行精准测量，但是在项目设计、实施和评价的过程中，指导教师和参与学生都能有明确的关键能力发展指向，学生的成长就有了方向，评价也就有了可遵循的导向。

生物学科项目式学习中的"事件"，是综合、立体、多维的载体，而生物学学科核心素养的培育也是一个综合、立体、多维的过程，所以，用"事中学"主张来指导开展生物学科项目式学习，既是一个新的理论视阈，更是一个新的操作范式。①

---

① 朱建."事件哲学"思想下生物学科项目式学习实践与思考——以"南通花露烧酒"为例［J］.中学生物教学，2023（8）：29–33.

图书在版编目（CIP）数据

教学主张：打通理论与实践的阻隔／凌宗伟等著.

上海：华东师范大学出版社，2024. — ISBN 978-7-5760-5684-6

I. G632.0

中国国家版本馆 CIP 数据核字第 20258TD058 号

大夏书系 ▏ 教师专业发展

教学主张：打通理论与实践的阻隔

著　　者	凌宗伟 等
策划编辑	朱永通
责任编辑	万丽丽
责任校对	杨　坤
封面设计	奇文云海·设计顾问

出版发行	华东师范大学出版社
社　　址	上海市中山北路 3663 号　邮编 200062
网　　址	www.ecnupress.com.cn
电　　话	021-60821666　行政传真 021-62572105
客服电话	021-62865537
邮购电话	021-62869887
地　　址	上海市中山北路 3663 号华东师范大学校内先锋路口
网　　店	http://hdsdcbs.tmall.com/

印 刷 者	北京汇林印务有限公司
开　　本	890×1240　32 开
印　　张	8.5
插　　页	2
字　　数	198 千字
版　　次	2025 年 3 月第一版
印　　次	2025 年 6 月第二次
印　　数	6 101-9 100
书　　号	ISBN 978-7-5760-5684-6
定　　价	65.00 元

出 版 人　　王　焰

（如发现本版图书有印订质量问题，请寄回本社市场部调换或电话 021-62865537 联系）